Vigília Pascal

História e Mistagogia

Pe. Jefferson Monsani

Vigília Pascal

História e Mistagogia

Edições Loyola

Dados Internacionais de Catalogação na Publicação (CIP)
(Câmara Brasileira do Livro, SP, Brasil)

Monsani, Jefferson
   Vigília pascal : história e mistagogia / Padre Jefferson Monsani.
-- São Paulo : Edições Loyola, 2022. -- (Liturgia)

   Bibliografia
   ISBN 978-65-5504-158-3

   1. Bíblia 2. Mistagogia 3. Liturgia 4. Pastoral - Cristianismo
5. Teologia pastoral I. Título. II. Série.

22-99886   CDD-268.82

Índices para catálogo sistemático:
1. Mistagogia : Iniciação cristã : Igreja Católica :
   Cristianismo   268.82

Maria Alice Ferreira - Bibliotecária - CRB-8/7964

Preparação: Marta Almeida de Sá
Capa: Ronaldo Hideo Inoue
   Composição sobre imagem de © Peter | Adobe Stock.
Diagramação: Sowai Tam
Revisão técnica: Gabriel Frade

Edições Loyola Jesuítas
Rua 1822 nº 341 – Ipiranga
04216-000 São Paulo, SP
T 55 11 3385 8500/8501, 2063 4275
editorial@loyola.com.br
vendas@loyola.com.br
www.loyola.com.br

Todos os direitos reservados. Nenhuma parte desta obra pode ser reproduzida ou transmitida por qualquer forma e/ou quaisquer meios (eletrônico ou mecânico, incluindo fotocópia e gravação) ou arquivada em qualquer sistema ou banco de dados sem permissão escrita da Editora.

ISBN 978-65-5504-158-3

© EDIÇÕES LOYOLA, São Paulo, Brasil, 2022

SUMÁRIO

PREFÁCIO 7

INTRODUÇÃO 9

1 CELEBRAÇÃO DA LUZ (LUCERNÁRIO) 25
   1.1 Sinais e símbolos na Sagrada Liturgia 26
   1.2 O fogo e a luz nas culturas e na Bíblia 28
   1.3 A tradição do fogo novo e do círio pascal 31
   1.4 A Celebração da Luz (solene início da Vigília) 33
   1.5 A Proclamação da Páscoa (Precônio Pascal) 45
   1.6 Letra da Proclamação da Páscoa 50

2 LITURGIA DA PALAVRA 55
   2.1 A Liturgia da Palavra na Vigília Pascal: das origens aos
       nossos dias 57
       2.1.1 Leituras do Antigo Testamento 62
       2.1.2 Canto do Hino de Louvor e Oração do Dia 72
       2.1.3 Epístola: Cristo ressuscitado dos mortos
            não morre mais (Rm 6,3-11) 73
       2.1.4 Aleluia: o cântico novo do homem novo 75
       2.1.5 O Evangelho 78
   2.2 Orientações pastorais 80

3 LITURGIA BATISMAL 83

   3.1 A água nas culturas e na Bíblia 85

   3.2 Batismo: a prática litúrgica antiga e o resgate
da inspiração catecumenal 89

   3.3 A oração de bênção da água batismal 100

   3.4 O sacramento da Confirmação no contexto
da noite pascal 113

4 LITURGIA EUCARÍSTICA 121

   4.1 A eucologia da Liturgia Eucarística 123

   4.2 Orientações pastorais 138

   4.3 Eucaristia: sacramento por excelência do mistério pascal 140

CONSIDERAÇÕES FINAIS 159

BIBLIOGRAFIA 163

PREFÁCIO

"Mãe de todas as vigílias". Com esta expressão de Santo Agostinho, podemos e devemos atribuir à Vigília Pascal o seu devido valor e sua centralidade na vida litúrgica da Igreja, visto que o eixo do agir cristão se encontra na celebração e na vivência do mistério da Páscoa de Cristo. Como batizados, somos chamados, a partir da compreensão do mistério da morte e da ressurreição de Jesus, a levar em nós as marcas de uma nova vida e a testemunhar de modo eficaz tudo isso, ajudando a transformar as realidades do tempo presente.

A liturgia, longe de ser um conjunto fechado e estático de normas, é um mover do Espírito que dá vida à Comunidade Eclesial, reflete o seu rosto e muito do que ela deseja ser e viver. Assim, compreendemos a fidelidade não como fechamento ou apego a aspectos particulares, e a criatividade não como mudanças isoladas ou narcisistas. Sempre, como Igreja, acolhemos o mistério do Cristo vivo, discernindo, a partir das fontes genuínas, o que tem valor para impulsionar o nosso caminhar.

Temos em mãos um texto precioso que vai nos ajudar a entender, com relação à Vigília Pascal, o movimento da Igreja que sempre nos conduz ao que deve ser buscado e redescoberto. Graças ao discernimento de Pio XII, que soube acolher e ouvir o Movimento Litúrgico, a principal celebração do Ano Litúrgico reencontrou o seu lugar adequado na liturgia da Semana Santa. Tudo isso, é claro, se aprofundou e se enriqueceu sobremaneira com o Concílio Vaticano II, que estendeu essa redescoberta e a revalorização das fontes também à Quaresma, ao Advento e a muitas outras áreas da vida litúrgico-sacramental da Igreja.

A celebração da Noite Pascal é de uma riqueza e de um valor mistagógico que não podem ser descritos em poucas palavras. Infelizmente, muitas e muitas vezes, a cultuamos como uma missa vespertina do Domingo da Páscoa, sem dar-lhe o devido valor e sem cuidar para que todas as suas partes, seus símbolos e elementos sejam devidamente valorizados e acolhidos.

A comunidade, como um todo, certamente precisa crescer no conhecimento da profundidade de cada uma das quatro partes que constituem a estrutura celebrativa da noite santa da Páscoa: acolher o Cristo como Luz em meio às trevas da ignorância, da violência e do medo; acolher e valorizar a Palavra, por meio da qual Deus nos fala e nos possibilita ouvi-lo nas situações concretas da vida e como chave para interpretar a história; olhar com alegria o nosso Batismo e acolhê-lo como fonte da vida nova que, em meio a tudo o que perde o sentido e a beleza, nos conserva plenos da Água Viva; buscar na mesa do pão e do vinho eucarísticos o caminho da gratidão e da saciedade, num mundo voraz e carente de relações mais profundamente humanas e solidárias.

Para celebrar e viver bem o mistério fundante do nosso agir cristão, procuremos conhecer, bebendo nas fontes, o que tem valor, a fim de permanecermos na fidelidade que impulsiona à verdadeira e necessária renovação. Ouçamos, como Igreja, o Espírito que nos põe sempre a caminho!

Padre José Carlos Guabiraba de Oliveira
Pároco da Catedral Nossa Senhora Aparecida
Diocese de Araçatuba (SP)

INTRODUÇÃO

Houve um tempo na vida da Igreja em que a Páscoa era, por assim dizer, tudo. Não só porque celebrava, sem partilhar com nenhuma outra festa, toda a história da salvação, desde a criação até a parúsia, mas, também, porque foi o lugar de formação de alguns componentes essenciais da vida da comunidade: a liturgia, a exegese tipológica, a catequese, a teologia e mesmo o cânon das Escrituras[1].

Apresentando a tradução para o português da extraordinária obra de Dom Pius Parsch sobre o Ano Litúrgico[2], Dom Beda Keckeisen evoca a figura da jovem mulher com os braços estendidos para o alto, encontrada nas catacumbas romanas, para falar sobre o mistério da Igreja e da própria existência humana que, em síntese, consiste em uma peregrinação da terra para o Céu, nossa Pátria. E é, precisamente, esta verdade que Santo Agostinho converteu em oração, no início de suas *Confissões*, por meio da conhecida máxima: "[...] Fizeste-nos para ti, e inquieto está o nosso coração, enquanto não repousa em ti"[3].

---

1. CANTALAMESSA, Raniero, *La Pasqua nella Chiesa antica*, Torino, Società Editrice Internazionale, 1978, (Traditio Christiana v. 3), p. XIII.

2. Publicada, em dois volumes, pelas Oficinas Tipográficas do Mosteiro de São Bento, de Salvador, sob os títulos "No mistério do Cristo" (ciclo temporal do calendário litúrgico) e "Testemunhas do Cristo" (ciclo santoral do calendário litúrgico).

3. SANTO AGOSTINHO, *Confessiones*, 1,1,1: *PL* 32,661.

De fato, em virtude de um desígnio do próprio Deus, nossa vida não está reduzida à mera materialidade, mas segue misteriosamente aberta a um horizonte transcendente, longe do qual não conseguimos obter respostas suficientes para as interrogações mais profundas que dão sentido ao nosso existir. Somos seres naturalmente religiosos e, justamente por isso, seres que oram e que, na experiência da fé e da oração, descobrem a verdade da própria impotência, a impossibilidade de alcançar, sozinho, a plenitude da própria existência e as razões da própria esperança.

O mistério da encarnação do Verbo, "ponte entre o Tempo e a Eternidade"[4], estabeleceu o encontro definitivo entre Deus e a humanidade, precisamente porque o Filho, fazendo-se homem, tornou-nos participantes da própria vida divina[5], como, pela boca de Santo Atanásio, proclama a mais antiga e venerável tradição da Igreja:

> Ele se fez homem para que fôssemos deificados; tornou-se corporalmente visível a fim de que possamos adquirir uma noção do Pai invisível. Suportou ultrajes da parte dos homens para que participemos da imortalidade[6].

De fato, como bem disse o Papa Francisco, "o Filho de Deus, o Bendito por natureza, vem fazer-nos filhos benditos por graça. Sim, Deus vem ao mundo como filho para nos tornar filhos de Deus"[7].

É, pois, mediante o Batismo que ele nos comunica sua vida divina e nela nos introduz, alimentando-nos e fortalecendo-nos por nossa

---

4. RATZINGER, Joseph, *Introdução ao Espírito da Liturgia*, São Paulo, Loyola, 2013, p. 81.

5. Cf. 2Pd 1,4.

6. SANTO ATANÁSIO, *De Incarnatione*, 54,3: *PG* 25,192 B.

7. PAPA FRANCISCO, *Homilia na Santa Missa de Natal*, 24 de dezembro de 2020. Disponível em: https://www.vatican.va/content/francesco/pt/homilies/2020/documents/papa-francesco_20201224_omelia-natale.html.

participação na Eucaristia, oferenda sacramental de seu sacrifício, memorial e atualização de seu mistério pascal, celebrado pela Igreja em seu culto litúrgico. Perfeita glorificação a Deus e santificação do homem[8], a Sagrada Liturgia, mediante a qual "o mundo do além se estende para dentro do nosso mundo terrestre"[9], concede-nos o que há de mais sublime: viver, já aqui, enquanto caminhantes, imersos no mistério de Cristo.

Ora, este mistério de Cristo, celebrado pela Liturgia em seus diversos mistérios, foi contemplado pelos antigos padres como verdadeiro *lugar* do encontro da Igreja com seu Senhor. "É em vossos sacramentos que vos encontro"[10], bem disse Santo Ambrósio, referindo-se à maravilhosa realidade presente na economia da salvação: sob o véu da fé, mediante as ações litúrgicas em que se associam Cristo e a Igreja, a obra da redenção se converte em realidade perpetuamente atual, realizando, sempre de novo, o mistério da nossa divinização e introdução na vida trinitária.

Sabemos que a Santa Igreja celebra, com piedosa recordação, no decurso do ano, a obra da nossa redenção realizada pelo Cristo, tornando sempre atuais os seus méritos e nos dispensando, sempre de novo, a graça da salvação, pois é o "mistério de Cristo que a Igreja proclama e celebra na sua liturgia, para que os fiéis dele vivam e dele deem testemunho no mundo"[11]. O Ano Litúrgico, desse modo, como memória e presença, no tempo, do mistério de Cristo, pede, justamente por isso, uma interpretação teológica da própria temporalidade.

---

8. Cf. *Sacrosanctum Concilium*, nº 7.

9. Jungmann, Josef A., *Missarum Sollemnia: origens, liturgia, história e teologia da missa romana*, São Paulo, Paulus, 2010, p. 18.

10. Santo Ambrósio, *Apologia Prophetae David* 12,58: *PL* 14,875: "*In tuis te invenio sacramentis*".

11. *Catecismo da Igreja Católica*, nº 1068.

É no interior das realidades do *tempo* e do *espaço* que todo ato humano se realiza, sendo que, para os homens de todas as épocas, a passagem inexorável do tempo se apresenta como um grande mistério à razão e uma realidade inerente ao próprio existir. Condicionado por fatores tanto de ordem interna quanto de ordem externa e intuído de diversos modos pelas diferentes culturas, a compreensão acerca do tempo mudou radicalmente com o advento de Cristo na história humana. Partindo da compreensão hebraica, o cristianismo concebe o tempo de modo linear, ultrapassando a compreensão circular do pensamento grego, enxergando-o como realidade na qual Deus realiza o seu plano salvífico, consumado pelo Senhor Jesus no mistério pascal de sua morte e ressurreição[12].

Podemos dizer que a celebração do mistério pascal de Cristo[13] — *centro para o qual se orienta todo o culto cristão* — é acomodada

---

12. Sobre o tema, cf. MARSILI, Salvatore, O tempo na história da salvação, in: *Sinais do mistério de Cristo: teologia litúrgica dos sacramentos, espiritualidade e ano litúrgico*, São Paulo, Paulinas, 2010, pp. 567-597.

13. O termo "mistério pascal" (ou *mistério da Páscoa*) pode ser encontrado, pela primeira vez, na *Homilia sobre a Páscoa*, escrita no século II por Melitão, bispo de Sardes: "Prestai atenção, caríssimos: o mistério pascal é ao mesmo tempo novo e antigo, eterno e transitório, corruptível e incorruptível, mortal e imortal. É mistério antigo segundo a Lei, novo segundo a Palavra que se fez carne; transitório pela figura, eterno pela graça; corruptível pela imolação do cordeiro, incorruptível pela vida do Senhor; mortal pela sua sepultura na terra, imortal pela sua ressurreição dentre os mortos" (*De Pascha*, 2-3). Por intermédio dele, com efeito, a Igreja designa a realidade da salvação — como mistério oculto desde todos os séculos e, na plenitude dos tempos, manifesto (cf. Cl 1,26-27) — preparada e prefigurada nas obras realizadas por Deus na Antiga Aliança e plenamente realizada por Cristo em sua morte e ressurreição: "Esta obra da Redenção humana e da perfeita glorificação de Deus [...] completou-a Cristo Senhor, principalmente pelo mistério pascal de sua sagrada Paixão, ressurreição dos mortos e gloriosa as-

ao tempo, pela estrutura litúrgica da Igreja, em um ritmo cotidiano, semanal e anual. O domingo, conforme podemos encontrar já nas tradições apostólica e patrística, deve ser considerado como o principal dia de celebração da Páscoa, por ser o dia da própria ressurreição do Senhor, sendo, assim, a primeira e mais antiga festa celebrada pela Igreja[14]. Como celebração semanal da Páscoa de Cristo, em que a Igreja se reúne para fazer *memória*[15] deste mistério e *dar graças*[16] por ele, tem, em relação à semana, o mesmo prestígio que a solenidade da Páscoa goza no todo do ano litúrgico.

> No decorrer do ano, a Santa Igreja comemora em dias determinados a obra salvífica de Cristo. Cada semana, no dia chamado domingo (dia do Senhor), ela recorda a ressurreição do Senhor, que celebra também, uma vez por ano, com a bem-aventurada Paixão na solenidade máxima da Páscoa. Durante o ciclo anual desenvolve-se todo o mistério de Cristo e comemoram-se os aniversários dos Santos[17].

---

censão" (*Sacrosanctum Concilium*, n° 5). De fato, como assevera Pietro Sorci, no *Dicionário de Liturgia*, "o conceito de mistério da pascoa ou pascal, desde seu primeiro aparecimento, recapitula toda a economia salvífica realizada em Cristo e participada, comunicada à Igreja através dos sacramentos" (SARTORE, Domenico; TRIACCA, Achille Maria [Orgs.]. *Dicionário de Liturgia*, São Paulo, Paulinas; Lisboa, Edições Paulistas, 1992, p. 773). Com efeito, porque lhe é atribuído o lugar central no desígnio salvífico, ocupa ele, também, o núcleo do culto litúrgico (cf. *Sacrosanctum Concilium*, n° 5-6, 47, 61, 102, 104 e 106), bem como da espiritualidade e da própria moral cristã (cf. *Gaudium et Spes*, n° 22 e 38).

14. Cf. Mt 28,1; Mc 16,2; Lc 24,1; Lc 24,13; Jo 20,1; At 20,7; 1Cor 16,2.

15. ἀνάμνησις (*anamnésis*).

16. εὐχαριστία (*eucharistia*).

17. *Normas Universais sobre o Ano Litúrgico e o Calendário Romano Geral*, n° 1.

Todo o ano litúrgico não é senão um único mistério uniforme. Ele encontra seu cume no mistério por excelência que é o *sacramentum paschale*, o mistério da Páscoa, cujo domingo nos traz a memória e a comemoração. Ele é a renovação mística e a aplicação aos fiéis da redenção que culmina com o sacrifício da cruz e a transfiguração da Igreja, resultado da divina ressurreição[18].

A festa da Páscoa tem origens muito antigas, inspirando-se em um rito celebrado pelos pastores nômades, ao início da primavera, durante o qual, à luz da lua cheia, imolavam um cordeiro, a fim de pedir a fecundidade do rebanho e a proteção contra os perigos próprios da caminhada através do deserto. Outra inspiração se encontra no rito que os povos agrícolas sedentários celebravam à chegada da primavera e no início da colheita da cevada: a oferenda das primícias da colheita e o consumo, ao longo de sete dias seguidos, de pão sem fermento, produzido a partir dos grãos das espigas recém-apanhadas, com a finalidade de alcançar abundância[19].

Tais ritos, após o ato salvífico de Deus passar pelo Egito e realizar a passagem dos hebreus da escravidão para a liberdade, receberam o incremento da história da salvação e o significado teológico que dela advém: "[...] desde cedo, Israel uniu a recordação da libertação e a saída do Egito e a aliança no Monte Sinai a essas festas cósmicas. A festa natural converteu-se em 'memorial' da salvação operada por

---

18. CASEL, Odo, *O mistério do culto no cristianismo*, São Paulo, Loyola, 2009, p. 91.

19. Sobre o tema, ver: GARMENDIA, Santos Ros, *La Pascua em el Antiguo Testamentoeologiio de los textos pascuales del Antiguo Testamento a la luz de la críteceologiaia y de la historia de la tradición*, Vitoria, Editorial Eset, 1978; HAAG, Herbert, *De la antigua a la nueva Pascua: historia eolo-giaía de la fiesta pascual*, Salamanca, Ediciones Sígueme, 1980; SERRANO, Vicente, *A Páscoa de Jesus em seu tempo e hoje*, São Paulo, Paulinas, 1998.

Deus em favor do seu povo"[20]. A partir de então, conforme o mandato do Senhor, Israel devia celebrar anualmente a memória dessa *passagem salvífica*[21], um *zikkaron*[22], no qual não somente o fato pas-

---

20. ALDAZÁBAL, José, *Vocabulário básico de Liturgia*, São Paulo, Paulinas, 2013, p. 280.
21. A palavra hebraica "páscoa" (חֶסַפ, isto é, *pesah*) significa, literalmente, saltar, passar por cima.
22. Do hebraico זִכָּרוֹן, isto é, *memorial*. No verbete "memorial", do *Dicionário de Liturgia*, a noção bíblica de *zikkaron* é assim explicada, em citação de Notker Füglister, grande estudioso do Antigo Testamento: "Neste conceito de memorial, que se aplica de modo particular à Páscoa, podemos, sem dúvida, ver o núcleo da liturgia pascal [...]. O seu objetivo é impedir que as ações salvíficas de Javé caiam no esquecimento, recordá-las continuamente trazendo-as à memória para, deste modo, renová-las e atualizá-las ano após ano, antes de tudo no pensamento e no sentimento [...]. Por conseguinte, na noite da Páscoa, não só Israel se lembra de Javé e das suas ações salvíficas como também Javé se lembra de Israel e dos seus devotos [...]. Somente assim se explica por que no judaísmo a Páscoa não era celebração comemorativa que recordava o passado, mas pôde tornar-se até sinal indicativo do futuro e sinal que garantia a salvação [...]. Portanto, a liturgia pascal encerra em si como 'sinal' e 'memorial' o passado, o presente e o futuro salvífico, enquanto, ano após ano, vai operando de novo, atualizando e tornando fecunda a salvação pascal" (SARTORE, D.; TRIACCA, A. M. [Org.]. *Dicionário de Liturgia*. São Paulo, Paulinas; Lisboa, Edições Paulistas, 1992, pp. 728-729). No terceiro tratado do *Talmud*, denominado *Pesahim*, que versa acerca da festa, da refeição e do sacrifício pascais, podemos ler: "Em cada geração, cada um deve considerar-se pessoalmente como se tivesse saído do Egito, como diz a Escritura: E dirás a teu filho nesse dia: É por causa daquilo que o Senhor fez por mim quando saí do Egito. Deus, o Santo — que ele seja bendito — não redimiu apenas os nossos pais, mas também a nós, junto com eles, como diz a Escritura: Ele também nos tirou de lá para conduzir-nos ao país que havia prometido em juramento a nossos pais" (*Pesahim* 10, 5. In: CANTALAMESSA, Raniero, *La Pasqua nella Chiesa antica*, Torino, Società Editrice Internazionale, 1978, [Traditio Christiana v. 3], p. 13).

sado era recordado como também se tornava uma realidade presente: "Esse dia será para vós um memorial, e o celebrareis como festa do Senhor. Vós o celebrareis, como preceito perene, em todas as vossas gerações"[23]. A este sentido, gradativamente, foi-se acrescentando um sentido escatológico, porquanto os eventos do Êxodo prefiguram a libertação total do povo eleito que Deus haveria de consumar com a vinda do Messias[24].

"Jogai fora o velho fermento, para que sejais uma massa nova, já que sois pães sem fermento. De fato, nosso cordeiro pascal, Cristo, foi imolado."[25] Este é, com efeito, o primeiro texto bíblico que interpreta, a partir do sacrifício de Cristo, a Páscoa da antiga aliança. Jesus é, de fato, *nossa Páscoa*, porque o evento histórico de sua morte e de sua ressurreição levou a pleno cumprimento a realidade salvífica já prefigurada na Páscoa dos hebreus, antecipado na ceia em que ele, reunido com seus discípulos à véspera de sua Paixão, instituiu a Eucaristia[26].

> [...] agora é o Êxodo, o salto, a passagem de Cristo para o Pai na sua hora crucial de morte e ressurreição, o que dá sentido novo e pleno à Páscoa judaica. Na morte e ressurreição, em que Cristo é o verdadeiro cordeiro pascal, ele ofereceu o sacrifício definitivo e conseguiu a Nova Aliança, a reconciliação de Deus com a humanidade, e deu origem ao novo povo da Igreja[27].

Ora, antes do século II, não encontramos testemunhos acerca de uma celebração anual da Páscoa cristã, que pode ser encontrada em

---

23. Ex 12,14; Cf. Dt 16.
24. Cf. Is 30,29.
25. 1Cor 5,7.
26. Cf. Mt 26,17ss; Mc 14,12ss; Lc 22,7ss; Cf. Jo 19,30.33.36.
27. ALDAZÁBAL, José, *Vocabulário básico de Liturgia*, São Paulo, Paulinas, 2013, pp. 280-281.

Roma a partir da segunda metade desse mesmo século II; não há, nos tempos apostólicos, documentos que falem dela explicitamente. Todavia — em virtude da chamada *controvérsia pascal*, que ganhou fôlego no decurso do século II e versava sobre a data em que, anualmente, a festa pascal deveria ser celebrada — podemos supor que as comunidades apostólicas já celebravam a Páscoa cristã nos dias em que os judeus a celebravam, conforme conclui Adolf Adam[28], a partir dos testemunhos antigos. Foi no Concílio de Niceia, celebrado em 325, que a espinhosa questão produzida pela *controvérsia pascal* foi resolvida, definindo o domingo seguinte à lua cheia após o equinócio da primavera (do outono, no hemisfério sul) como data para a celebração da Páscoa anual[29].

---

28. Cf. ADAM, Adolf, *O ano litúrgico: sua história e seu significado segundo a renovação litúrgica*, São Paulo, Loyola, 2019, p. 39.

29. Já em meados do século II, as comunidades cristãs celebravam, anualmente, a Páscoa do Senhor. Porém, enquanto os cristãos residentes na Ásia Menor, seguindo a tradição judaica, celebravam-na no 14 de Nissan (chamados, por isso, de *quartodecimanos*), no Ocidente e nas outras comunidades orientais era celebrada no domingo seguinte a essa data. Fundamentados na tradição que remonta a São João, os *quartodecimanos* queriam acentuar a paixão e a morte do Senhor, que fora imolado na Cruz na mesma hora em que, no Templo de Jerusalém, eram sacrificados os cordeiros para a ceia da noite de 14 para 15 de Nissan (cf. Jo 18,28; 19,14). Já em Roma e nas outras tantas comunidades, inclusive as orientais, os cristãos celebravam a festa pascal não no dia da paixão, mas no da ressurreição do Senhor, esperando, assim, o domingo para festejá-la. Eusébio de Cesareia, em sua *História Eclesiástica*, descreve a visita que, ainda no século II, São Policarpo, então bispo de Esmirna, na Ásia Menor, fizera ao Papa Aniceto e a discussão entre ambos acerca do assunto concernente à data da festa pascal (cf. EUSÉBIO DE CESAREIA, *Historia Ecclesiastica*, 5,24: *PG* 20,494-507). Após inúmeras e acaloradas discussões, foi no Concílio de Niceia, acontecido em 325, que se estendeu a toda a Igreja a prática romana de celebrar a Páscoa no domingo seguinte à lua cheia, depois do equinócio da primavera, podendo

Nos escritos de Tertuliano[30] e de Orígenes[31], dentre outros autores antigos, podemos encontrar valiosas informações acerca da festa pascal das origens, que se vai expandindo, gradativamente, a partir da celebração de uma vigília, constituída por orações e leituras, e da Eucaristia, realizada na noite do sábado para o domingo, na qual culminava o rigoroso jejum cuja duração era diferente nas diversas comunidades cristãs: "O jejum e a festa, a passagem de um para outro ao longo da noite santa, quando as horas do jejum terminam na oração e começa a festa na eucaristia, esta é a Páscoa dos cristãos. Os dois elementos são indissociáveis"[32], conclui Aimé-Georges Martimort. A esse respeito testemunha a famosa *Didascália dos Apóstolos*, texto composto nas primeiras décadas do século III:

> A sexta-feira e o sábado, deveis passá-los completamente em jejum, sem vos alimentardes. A noite toda ficai juntos, acor-

---

ocorrer entre 22 de março e 25 de abril. Em virtude, porém, de os orientais não terem aceitado a reforma do calendário que, em 1582, fora determinada pelo Papa Gregório XIII, continua a existir uma diferença na data da celebração anual da Páscoa entre o Ocidente e o Oriente.

30. Cf. TERTULIANO, *De ieiuniis* 14: *PL* 2,973-974.
31. Cf. ORÍGENES, *Homiliae in Exodum* 5,2: *PG* 12,327.
32. MARTIMORT, A. G., *A Igreja em oração: a liturgia e o tempo*, Petrópolis, Vozes, 1992, (v. 4), p. 47. É importante mencionar, ainda, as duas famosas homilias sobre a Páscoa, de Melitão, bispo de Sardes, e de um autor quartodecimano anônimo (ou Pseudo Hipólito de Roma), ambas da segunda metade do século II. Fundamentadas em uma exegese tipológica do capítulo 12 do Êxodo, apresentam o Cristo como a verdadeira Páscoa (cf. 1Cor 5,7), já figurado no antigo rito pascal dos israelitas, cujo sangue derramado garantiu a salvação para toda a humanidade pecadora. Para consulta, recomendamos as duas preciosas obras de Raniero Cantalamessa: *La Pasqua nella Chiesa antica*, Torino, Società Editrice Internazionale, 1978, (Traditio Christiana v. 3); *I più antichi testi pasquali della Chiesa*, Roma, Edizioni Liturgiche, 2009.

dados e em vigília, suplicando e orando, lendo os Profetas, o Evangelho e os Salmos, com temor e tremor e com assídua súplica até a terceira hora da noite. Passado o sábado, terminai o vosso jejum [...] Portanto, oferecei os vossos sacrifícios e, então, comei e regozijai-vos, alegrai-vos e exultai, porque Cristo ressuscitou, penhor da nossa ressurreição, e isto seja para vós perpétuo até o fim do mundo[33].

É, pois, em uma carta escrita por Santo Ambrósio, no final do século IV, que encontramos a notícia acerca da celebração de um *Triduum Sacrum* para fazer memória dos dias nos quais Cristo sofreu, foi sepultado e ressuscitou[34], chamado, por Santo Agostinho, de *Sacratissimum Triduum* da Crucificação, Sepultamento e Ressurreição do Senhor[35]. Sobre as celebrações pascais realizadas por esse tempo, em Roma, podemos encontrar preciosas informações na carta que, em 416, o Papa Inocêncio escreveu a Decêncio, bispo de Gúbio, mencionando uma celebração especial da paixão do Senhor na sexta-feira e da sua ressurreição no domingo, bem como de um jejum na sexta-feira e no sábado[36]. Aqui está, com efeito, a origem da celebração do Tríduo Pascal e, em seguida, da própria Semana Santa.

Merece menção o seguinte fato. No decurso do século IV, sob influxo da Igreja de Jerusalém, o costume de dramatizar, na celebração litúrgica, os acontecimentos referentes aos últimos dias da vida terrena do Salvador começou a se difundir[37], gerando, com o passar

---

33. *Didascalia Apostolorum Syriaca* 5, 19, in: CANTALAMESSA, Raniero, *La Pasqua nella Chiesa antica*, Torino, Società Editrice Internazionale, 1978 (Traditio Christiana v. 3), p. 135.
34. Cf. SANTO AMBRÓSIO, *Epistula* 23: *PL* 16,1030.
35. Cf. SANTO AGOSTINHO, *Epistula* 55, 14,24: *PL* 33, p. 215.
36. Cf. SANTO INOCÊNCIO I, *Epistula* 25,4,7: *PL* 20, pp. 355-356.
37. A respeito disso, preciosas informações podem ser encontradas no relato da peregrinação que Egéria fez à Terra Santa em fins do século IV

do tempo, a fragmentação do mistério único celebrado na solenidade pascal, em virtude da repartição dos diversos acontecimentos evangélicos, que constituem o mistério da Páscoa, em distintas celebrações. Conforme explica Matias Augé, "tal processo [...] consolida-se definitivamente nos séculos V-VII. Destarte, passa-se da antiga celebração global da Noite Pascal ao Tríduo Sagrado e à Semana Santa"[38].

O que o leitor irá encontrar nas seguintes páginas é uma análise da celebração da Vigília Pascal, do seu desenvolvimento na história e da mistagogia dos seus sinais e dos seus ritos, a partir dos dados bíblicos e das tradições litúrgica e patrística, em atenção ao movimento de retorno às fontes da fé, realizado já pelo Movimento Litúrgico e, muito especialmente, pelo Concílio Vaticano II.

De fato, uma vez que para esta celebração converge todo o Ano Litúrgico, faz-se realmente importante aprofundar o conhecimento acerca do seu conteúdo bíblico-eucológico, bem como do sentido dos sinais e dos ritos que a compõem, ela que de um modo mais pleno faz memória e atualiza o mistério pascal de Cristo, por meio do

---

— o *Itinerarium Egeriae* —, no qual aparece a descrição pormenorizada de um conjunto de celebrações cuja estrutura compreende a da atual Semana Santa. Em seu escrito, Egéria fala sobre uma procissão realizada para comemorar o ingresso do Salvador na Cidade Santa, na qual o bispo de Jerusalém seguia tal como Jesus outrora, acompanhado por fiéis e crianças empunhando ramos (cf. *Itinerarium*, 31, 3). O texto desse relato, já conhecido na antiguidade cristã, foi redescoberto, em fins do século XIX, em uma biblioteca em Arezzo, na Itália. É, na realidade, um notável documento que versa sobre temas que vão desde a geografia às práticas litúrgicas da Igreja do Oriente Próximo em meados do século IV. Cf. *Peregrinação de Egéria: uma narrativa de viagem aos Lugares Santos*, Introdução, texto crítico, tradução e notas de Maria Cristina Martins, Uberlândia, EDUFU, 2017.

38. AUGÉ, Matias, *Ano Litúrgico: é o próprio Cristo presente na sua Igreja*, São Paulo, Paulinas, 2019, p. 141.

qual realizou a obra de nossa redenção e ofereceu ao Pai a perfeita glorificação[39].

Ademais, pretendemos responder à imprescindível questão já proposta pelos papas São Pio X[40] e Pio XII[41] vivamente recomendada pelo Concílio: sobre a necessidade de os fiéis compreenderem os textos e as celebrações litúrgicas à luz do imperativo de tomarem parte no culto litúrgico de modo pleno, consciente e ativo.

> Por isso a Igreja, com diligente solicitude, zela para que os fiéis não assistam a este mistério da fé como estranhos ou espectadores mudos. Mas cuida para que, bem compenetrados pelas cerimônias e pelas orações, *participem consciente, piedosa e ativamente da ação sagrada*, sejam instruídos pela Palavra de Deus, saciados pela mesa do corpo do Senhor e deem graças a Deus. E aprendam a doar-se a si próprios oferecendo a hóstia imaculada não só pelas mãos do sacerdote como também juntamente a ele, e, assim, tendo a Cristo como mediador, dia a dia se aperfeiçoem na união com Deus e entre si, para que, finalmente, Deus seja tudo em todos[42].

Aqui no Brasil, o esforço pastoral conjunto para conferir à ação evangelizadora — principalmente à Catequese — uma inspiração advinda do antigo Catecumenato tem pedido o resgate de uma *celebração realmente mistagógica da Liturgia*[43], a fim de que os batizados

---

39. Cf. *Sacrosanctum Concilium*, n° 5.
40. Cf. Papa São Pio X, *Motu Proprio Tra le sollecitudini*, Introdução.
41. Cf. Papa Pio XII, *Carta Encíclica Mediator Dei*, n° 95.
42. *Sacrosanctum Concilium*, n° 48.
43. A palavra grega μυσταγωγία (*mystagogia*) — de *myst*, que indica o mistério, o oculto, e *agagein*, isto é, "conduzir" — tem origem nos antigos cultos pagãos. No cristianismo, faz referência à pedagogia por meio da qual a celebração litúrgica conduz os fiéis ao encontro com Cristo, cujo mistério é celebrado na liturgia para ser vivido na existência diária. Nos

sejam verdadeiramente introduzidos no mistério de Cristo e saibam aplicar à vida cotidiana o sentido dos ritos litúrgicos, testemunhando a fé celebrada e transformando a realidade em que se encontram inseridos. De fato, "a mistagogia é uma progressiva introdução no mistério pascal de Cristo, vivido na experiência comunitária. Papel importante, nesse processo de imersão, desempenham as celebrações litúrgicas"[44], muito especialmente a Vigília Pascal, por sua proeminência na hierarquia das celebrações.

> A catequese mistagógica há de preocupar-se em se *introduzir no sentido dos sinais* contidos nos ritos; esta tarefa é particularmente urgente numa época acentuadamente tecnológica como a atual, que corre o risco de perder a capacidade de perceber os sinais e os símbolos. Mais do que informar, a catequese mistagógica deverá despertar e educar a sensibilidade dos fiéis para a linguagem dos sinais e dos gestos que, unidos à palavra, constituem o rito. [...] A catequese mistagógica deve preocupar-se em mostrar *o significado dos ritos para a vida cristã* em todas as suas dimensões [...]. Neste sentido, o fruto maduro da mistagogia é a consciência de que a própria vida

---

primeiros séculos, foram famosas as chamadas *catequeses mistagógicas* que os bispos, como São Cirilo de Jerusalém, São João Crisóstomo, Santo Ambrósio e São Teodoro de Mopsuéstia, dirigiram aos neófitos, na oitava pascal, depois de celebrados os sacramentos da Iniciação Cristã na Vigília Pascal, ajudando-os a penetrar em profundidade no sentido do mistério que tinham celebrado. Na dinâmica da Iniciação à Vida Cristã dá-se o nome de *mistagogia* ao tempo da Páscoa, durante o qual os que receberam os sacramentos na Vigília Pascal são chamados a progredir no conhecimento e na vivência do mistério da fé. Sobre o tema, cf. MAZZA, Enrico, *A mistagogia: as catequeses litúrgicas do fim do século IV e seu método*, São Paulo, Loyola, 2021.

44. CNBB, *Iniciação à vida cristã: itinerário para formar discípulos missionários* (Documento 107), nº 60.

vai sendo progressivamente transformada pelos sagrados mistérios celebrados[45].

Esta reflexão sobre o desenvolvimento histórico e a mistagogia dos sinais e dos ritos da Vigília Pascal se fundamenta no desejo de oferecer às comunidades e às equipes litúrgicas um subsídio para que possam preparar e celebrar, do melhor modo possível, esta antiquíssima e venerável liturgia que conduz a Igreja ao coração do mistério da fé cristã. Por meio dela, o povo cristão é convidado a renovar sua comunhão com o Cristo morto e ressuscitado e a haurir a abundância da graça que emana para toda a Igreja da fonte inexaurível do seu mistério pascal: "A liturgia da vigília pascal deve ser realizada de modo a poder oferecer ao povo cristão a riqueza dos ritos e das orações"[46].

Em primeiro lugar, veremos a *Celebração da Luz*, ao início da Vigília, com a bênção do fogo novo, a preparação do círio e o canto solene da Proclamação da Páscoa. Depois, a *Liturgia da Palavra*, por meio da qual a Igreja contempla as maravilhas que Deus operou em favor do seu povo, da criação à redenção, seguida pela *Liturgia Batismal*, que renova o mistério da Páscoa do Senhor na assembleia litúrgica mediante o sinal da água e a renovação das promessas batismais. Por fim, a *Liturgia Eucarística*, na qual o povo cristão, renovado pela graça batismal, toma parte na mesa da Eucaristia, memorial permanente da morte e da ressurreição de Cristo, à espera da Páscoa que não

---

45. Papa Bento XVI, *Exortação Apostólica Pós-Sinodal Sacramentum Caritatis*, nº 63.

46. *Carta Circular Paschalis Sollemnitatis*, nº 93, emanada pela Congregação para o Culto Divino e a Disciplina dos Sacramentos em 16 de janeiro de 1988. Para consulta: Congregação para o Culto Divino e a Disciplina dos Sacramentos, *Paschalis Sollemnitatis: a preparação e celebração das Festas Pascais*, Brasília, Edições CNBB, 2018.

tem fim, já que esta vigília manifesta, também, a espera da Igreja pela vinda gloriosa do seu Senhor.

Na Sexta-Feira Santa de 2015, como pregador da Casa Pontifícia, o frei Raniero Cantalamessa proferiu a homilia na celebração da Paixão do Senhor, diante do Papa Francisco e da assembleia litúrgica, na Basílica Vaticana de São Pedro. Em sua pregação, ele citou o testemunho de São Dionísio — Patriarca de Alexandria entre os anos 248 e 265 — a respeito do modo como os cristãos celebraram a Páscoa sob a terrível perseguição infligida à Igreja pelo imperador Décio:

> Eles nos exilaram e, sozinhos entre todos, fomos perseguidos e lançados à morte. Mas, ainda assim, celebramos a Páscoa. Todo lugar em que se sofria tornou-se para nós um lugar de celebração da festa: fosse um acampamento, um deserto, um navio, uma pousada, uma prisão. Os mártires perfeitos celebraram a mais esplêndida das festas pascais ao serem admitidos no banquete celeste[47].

Oxalá a leitura destas páginas possa oferecer algum contributo para que também nós, celebrando sacramentalmente a Páscoa com piedade e alegria, possamos celebrá-la, um dia, como a mais esplêndida das festas, na Jerusalém Celeste!

---

47. São Dionísio de Alexandria, apud Cantalamessa, Raniero, *Homilia na celebração da Paixão do Senhor*, 3 de abril de 2015. Disponível em: http://www.archivioradiovaticana.va/storico/2015/04/03/sexta-feira_santa_homilia_do_frei_cantalamessa/br-1134267.

1
CELEBRAÇÃO DA LUZ (LUCERNÁRIO)

Nas duas grandes noites santas do ano eclesiástico, o Natal e a Páscoa, o simbolismo da luz se funde com o da noite. Em ambas as ocasiões, a Igreja representa simbolicamente, no contraste entre a noite e a luz, o conteúdo de cada uma das festas: o encontro de Deus e do mundo, a irrupção vitoriosa de Deus no mundo que não o quer acolher, mas que no fim não lhe pode negar um lugar[1].

Chama-se *Celebração da Luz* (*Lucernário*[2]) o rito com o qual se inicia a Vigília Pascal, constituído pela bênção do fogo novo, pela preparação, iluminação e entronização do círio pascal e pela solene Proclamação da Páscoa (Precônio Pascal). Neste primeiro momento da vigília, o fogo e a luz são os sinais colocados em evidência pela Sagrada Liturgia, tendo em vista a intenção de, por meio deles, sig-

---

1. RATZINGER, Joseph, *Dogma e Anúncio*, São Paulo, Loyola, 2007, pp. 291-292.

2. O *lucernário* (de *lucerna*, isto é, lâmpada) pode ser encontrado em diversas culturas e religiões, particularmente no judaísmo, celebrado ao início do *Sabbath* e das grandes festas, consistindo em acender luzes, de forma ritual, ao cair da tarde. A Igreja, desde muito cedo, celebrou-o, conforme atesta Santo Hipólito, em meados do século III, em sua *Tradição Apostólica*. Ao *lucernário* está ligado o antiquíssimo hino vespertino Φῶς ἱλαρὸν (*phos hilaron*), encontrado na liturgia bizantina, que louva a Cristo como luz da glória de Deus Pai.

nificar e tornar presente o mistério da Páscoa do Senhor e sua ação salvífica.

1.1 Sinais e símbolos na Sagrada Liturgia

Sinais e símbolos são realidades mediadoras que têm o papel de possibilitar a comunicação, exteriorizar o universo interior de cada um, bem como auxiliar o ser humano a realizar suas experiências religiosas.

Distinguindo um do outro, podemos definir o sinal como representação plástica das coisas sensíveis ou não, enquanto o símbolo exerce a função de representar e substituir realidades teológicas e ideais, não percebíveis pelos sentidos, sendo, por isso, a linguagem adequada para expressar o *numinoso*[3], para evocá-lo e a ele remeter o ser humano.

É justamente por isso que o símbolo pode ser definido como "a epifania de um mistério"[4], respondendo à necessidade do homem, que, enquanto ser corporal, espiritual e social, necessita do visível, mas, também, do sentido e da relação. A presença de sinais e símbolos na Sagrada Liturgia é importante porque, por meio deles, é significada e atualizada a obra da nossa santificação realizada pelo Cristo Jesus.

---

3. Do latim *numen* (deus). Expressão cunhada pelo teólogo luterano Rudolf Otto para designar o *sagrado*, o *mysterium tremendum*, aquilo que não se assemelha a nada de humano ou cósmico, ante o qual o homem experimenta a sensação de sua profunda nulidade, de não ser mais do que criatura. Sobre o tema, cf. Otto, Rudolf, *O sagrado*, São Leopoldo, Sinodal, 1985; Eliade, Mircea, *O sagrado e o profano: a essência das religiões*, São Paulo, Martins Fontes, 2011; Ries, Julien, *O sagrado na história religiosa da humanidade*, Petrópolis, Vozes, 2017.

4. Durand apud Libanio, J. B., *Como saborear a celebração eucarística?*, São Paulo, Paulus, 2005, p. 10.

[...] a liturgia é tida como o exercício do múnus sacerdotal de Jesus Cristo, no qual, mediante sinais sensíveis, é significada e, de modo peculiar a cada sinal, realizada a santificação do homem; e é exercido o culto público integral pelo corpo místico de Cristo, cabeça e membros[5].

Encontram-se, na raiz do uso da linguagem simbólica, a capacidade humana de estabelecer relações entre o mundo sensível e o mundo de sua interioridade, bem com sua necessidade de se valer do primeiro para tornar manifesto o segundo. Mediante tal aptidão, podemos realizar a passagem do visível ao invisível, elevar-nos do sensível e transcender. À luz da fenomenologia e da história das religiões, descobrimos a grande importância que símbolos, gestos e ritos exerceram sobre as diferentes culturas e sociedades através dos tempos, como mediações visíveis que nos ajudam a viver e a expressar o mistério transcendente.

Emergiu, com efeito, das próprias Sagradas Escrituras a incrível gama de sinais e símbolos em uso na liturgia, justamente porque o relacionamento de Israel com o Senhor é sobremaneira marcado por essa rica realidade. No Antigo Testamento, sinais e símbolos podem ser encontrados relacionados à criação — a fim de que, por analogia, o homem conheça a Deus[6] —, aos grandes acontecimentos da história da salvação, orientados para o Êxodo[7], bem como às celebrações litúrgicas e festivas de Israel[8], que, enquanto *figuras*[9], configuram e preparam a plenitude da salvação trazida pelo Redentor.

---

5. *Sacrosanctum Concilium*, nº 7.
6. Cf. *Sb* 13,1.
7. Cf. Ex 14-15.
8. Cf. Ex 12.
9. Chama-se *tipologia* (do grego τύπος [*typos*], isto é, *figura*) o modo de interpretar as Sagradas Escrituras que enxerga nas pessoas e nas obras

Os sinais e símbolos litúrgicos estão, pois, orientados para ambas as realidades: realizam as figuras proféticas da antiga aliança, bem como a salvação realizada plenamente por Cristo, significando-a. Eles demonstram as realidades invisíveis e a graça santificante que delas emana, prefigurando, assim, a glória do Céu e o culto permanentemente tributado a Deus na celeste Jerusalém.

> A celebração litúrgica comporta sinais e símbolos que se referem à criação (luz, água, fogo), à vida humana (lavar, ungir, partir o pão) e à história da salvação (os ritos da Páscoa). Inseridos no mundo da fé e assumidos pela força do Espírito Santo, estes elementos cósmicos, estes ritos humanos, estes gestos memoriais de Deus se tornam portadores da ação salvadora e santificadora de Cristo[10].

1.2 O fogo e a luz nas culturas e na Bíblia

Em sua vida litúrgica, a Igreja integra a imensa riqueza dos símbolos e dos sinais oriundos do cosmos e da vida social. De fato, a linguagem usada pela liturgia, com a finalidade de evocar e tornar presente o mistério de Cristo, ultrapassa a realidade da palavra, atingindo e integrando os próprios elementos da natureza, tornados, por ela, sinais sensíveis e significativos do mistério celebrado.

---

realizadas por Deus, na primeira aliança, prefigurações do que o mesmo Deus realizou plenamente, por meio do filho encarnado, na nova e definitiva aliança. Por exemplo, a travessia do povo hebreu através do Mar Vermelho aberto como *figura* da vitória pascal de Cristo e, assim, do próprio Batismo. Sobre o tema, cf. DANIÉLOU, Jean, *Tipologia Bíblica: sus origenes*, Buenos Aires, Paulinas, 1966. ROSENFELD, Nikolaj A., *Celebrare l'alleanza: la tipologia dalla Bibbia alla liturgia*, Roma, CLV — Edizioni Liturgiche, 2017.

10. *Catecismo da Igreja Católica*, n° 1189.

O fogo tem, na sensibilidade humana, uma gama incrível de significados, chegando a ser considerado pelos pensadores antigos, ao lado dos demais elementos naturais, matéria constitutiva de toda a natureza. Pelo fato de nos trazer, ao mesmo tempo, benefícios e danos — o fogo é fonte de iluminação e purificação, porém seu descontrole pode gerar grandes catástrofes —, é um elemento paradoxal e misterioso em seu simbolismo, podendo significar, dentre outras realidades, desde o transcendente até os sentimentos humanos, sobretudo as paixões mais intensas.

A tradição bíblica se vale desse elemento para expressar a real presença de Deus no interior da história humana, privando-o, contudo, da adoração que as antigas civilizações lhe tributavam. Deus falou a Moisés por meio da sarça, que, sem se consumir, ardia[11] e, durante a peregrinação pelo deserto, caminhava à frente de seu povo, abrindo-lhes, à noite, o caminho, como coluna de fogo a iluminá-los[12]. O juízo de Deus é simbolizado por meio desse elemento[13], que expressa, também, a realidade do castigo escatológico[14]. Cristo, conforme profetizara São João Batista, mediante a efusão do Espírito Santo, veio ao mundo para nos comunicar o verdadeiro fogo que, a partir do interior, nos ilumina, aquece, purifica e restaura[15].

Correlata ao elemento fogo está a realidade da luz, que já no Gênesis aparece como primeira obra criada pelo poder de Deus, que é luz e no qual não há trevas[16]: "Haja luz"[17], disse o Senhor, trans-

---

11. Cf. Ex 3,2.
12. Cf. Ex 13,21.
13. Cf. Dn 7,10.
14. Cf. Mt 5,22.
15. Cf. Lc 3,16.
16. Cf. 1Jo 1,5.
17. Gn 1,3.

mutando o *caos* em *cosmos* e permitindo ao ser humano, através da iluminação que possibilita o enxergar, o encontro, a comunicação e o conhecimento, a liberdade e o progresso, bem como o ingresso na verdade da realidade e na luminosidade do bem; enfim, a própria vida.

A Palavra de Deus era, para o povo da antiga aliança, a luz vinda do alto para iluminá-lo no discernimento entre o bem e o mal, para lhe apontar o caminho justo e legítimo, enfim, para levá-lo a Deus: "Lâmpada para os meus pés é a tua palavra, e luz para minhas veredas"[18], proclama o salmista. Cristo é luz no sentido mais autêntico e profundo dessa realidade, a palavra que, encarnada, revela-se como a verdadeira iluminação de que temos necessidade[19].

"Eu sou a luz do mundo. Quem me segue não caminha na escuridão, mas terá a luz da vida."[20] É, pois, durante a festa das Tendas, a festa judaica das luzes, que Cristo faz tal revelação acerca de si, apresentando-se como luz não somente de Israel como também do mundo inteiro[21], luz verdadeira que, estando no mundo, ilumina todo homem[22], arrancando-o da escuridão[23]. Expondo a luta contínua entre luzes e trevas, esta autoafirmação de Jesus se orienta, na verdade, à própria existência do cristão, que, uma vez unido a ele, arrebatado do escuro da ignorância e do pecado, encontra nele a vida e a verdade.

Na celebração da Vigília Pascal, fogo e luz, elementos da criação, tornam-se sinais aptos a expressar que, mediante o esplendor de sua ressurreição, o Cristo Senhor deu vida a uma nova criação, a partir da antiga, e a luz de Deus clarificou para sempre as escuridões do mundo.

---

18. Sl 119 (118),105.
19. Cf. Jo 1,14.
20. Jo 8,12.
21. Cf. Lc 2,32.
22. Cf. Jo 1,3-5.9.
23. Cf. 1Pd 2,9.

1.3 A tradição do fogo novo e do círio pascal

Podemos fundamentar a tradição de acender o fogo novo da Páscoa na necessidade de se conservar, a partir da noite da quinta-feira santa, uma chama da qual se poderia obter luz para manter o templo iluminado durante a celebração dos demais ofícios, de modo que em Roma, no decurso do século IX, pode ser encontrado o rito da bênção do fogo já na sexta-feira da Paixão do Senhor[24]. Podemos encontrar outro fundamento para esse costume entre os francos, em meados do século VIII, com a finalidade de substituir as fogueiras que os pagãos acendiam, no início da primavera, com o objetivo de homenagear suas divindades e alcançar farta colheita dos frutos da terra.

Já a tradição de extrair o fogo golpeando uma pedra pode ser encontrada na antiga cultura germânica, adquirindo, na liturgia cristã, a função simbólica de representar a saída virginal de Cristo do ventre de Maria, bem como sua saída, durante a noite, do túmulo de pedra para a vida eterna. O fogo oriundo da pedra, ademais, conforme a interpretação simbólica medieval, alude ao dom do Espírito Santo, que, pregado na cruz, Cristo fez vir sobre sua Igreja. É, por fim, apenas no Pontifical Romano do século XII que podemos encontrar uma fórmula oficial para a bênção do fogo pascal, bem como a descrição do solene ingresso do círio no templo[25].

A tradição do círio pascal parece ter sido inspirada no costume familiar de acender uma luminária ao cair da noite, expressão de alegria e de aconchego em um tempo em que não havia eletricidade. Do mesmo modo se procedia no início de um banquete entre amigos ou

---

24. Cf. Augé, Matias et al., *O ano litúrgico: história, teologia e celebração*, São Paulo, Paulinas, 1991, (Anámnesis, v. 5), p. 104.
25. Cf. Martimort, A. G., *A Igreja em oração: a liturgia e o tempo*, Petrópolis, Vozes, 1992, v. 4, pp. 48-49; Eisenhofer, Ludwig, *Compendio de Liturgia Católica*, Barcelona, Herder, 1956, p. 140.

ao se iniciar a refeição que, durante a noite da sexta-feira, tomavam os judeus. Em Roma, podemos encontrar o costume de iluminar a celebração da noite pascal com especial esplendor, mediante a luz de lâmpadas e de dois círios da altura de uma pessoa, posteriormente unidos em um único. Nessas luzes, afirma Adolf Adam, "via-se simbolizado o Senhor ressuscitado de dentro da noite da morte"[26].

Já na obra de Santo Agostinho, no século V, podemos encontrar um louvor ao círio pascal (*Laus Cerei*)[27], bem como fórmulas para abençoá-lo nos escritos de Santo Enódio, bispo de Pávia, também em meados do século V, de modo que, conforme assegura Matias Augé, "entre os séculos V e VI, o rito do acendimento do círio e o canto de uma *benedictio* ou *laus cerei* eram uma praxe consolidada em todas as igrejas do Ocidente"[28].

O costume de utilizar um círio de três braços que, aceso no fogo novo, transmitia a chama ao círio pascal surge em meados do século XIII, certamente por influência da liturgia celebrada em Jerusalém. Por ocasião da renovação dos ritos da Vigília Pascal, em 1951, mediante o decreto *Dominicae Resurrectionis*, tal costume foi supresso[29].

---

26. ADAM, Adolf, *O ano litúrgico: sua história e seu significado segundo a renovação litúrgica*, São Paulo, Loyola, 2019, p. 55.

27. Cf. SANTO AGOSTINHO, *De Civitate Dei* 15, 22: *PL* 41,467.

28. AUGÉ, Matias, *Ano Litúrgico: é o próprio Cristo presente na sua Igreja*, São Paulo, Paulinas, 2019, p. 149.

29. Cf. MARTIMORT, A. G., *A Igreja em oração: a liturgia e o tempo*, Petrópolis, Vozes, 1992, v. 4, p. 49. SACRA CONGREGATIO RITUUM. *Decretum Dominicae Resurrectionis: de solemni Vigilia Paschali instauranda. Rubricae sabbato sancto servandae si Vigilia Paschalis instaurata peragatur*.

1.4 A Celebração da Luz (solene início da Vigília)

A celebração da Vigília Pascal é, desde os primórdios, uma cerimônia eminentemente noturna: "Toda a vigília pascal deve ser celebrada durante a noite, de modo que não comece antes do anoitecer e sempre termine antes da aurora do domingo"[30]. De fato, como assevera Matias Augé, "o simbolismo fundamental da celebração da vigília é ser 'uma noite iluminada', ou melhor, 'uma noite vencida pelo dia', demonstrando mediante os sinais que a vida da graça brotou da morte de Cristo. Por isso, a vigília, sendo pascal, é noturna por sua própria natureza"[31].

Todavia, a partir do século VII, a Vigília Pascal, enquanto celebração noturna por natureza, foi se degenerando em relação às suas origens, em virtude de uma antecipação cada vez maior de seu início, a ponto de ser celebrada na manhã do sábado, separada, portanto, da própria solenidade da Páscoa. De fato, com a tão grande discrepância entre a hora em que era celebrada e aquilo que diziam os textos litúrgicos, seu maravilhoso simbolismo foi sobremaneira

---

30. *Missal Romano, Vigília Pascal na Noite Santa*, n° 3. Assevera a *Carta Circular Paschalis Sollemnitatis* que "esta regra deve ser interpretada estritamente. Qualquer abuso ou costume contrário, às vezes verificado, [...] deve ser reprovado" n° 78.

31. AUGÉ, Matias, *Liturgia: história, celebração, teologia, espiritualidade*, São Paulo, Ave Maria, 2013, p. 330. De fato, no cristianismo primitivo, a Vigília da Páscoa se estendia ao longo de toda a noite de sábado para domingo. Raniero Cantalamessa, a propósito disso, cita uma advertência de Tertuliano à sua esposa, que, tentando dissuadi-la de se casar, novamente, após sua morte, diz-lhe que nenhum marido pagão permitiria que uma esposa cristã passasse a noite inteira da Páscoa em vigília (cf. CANTALAMESSA, Raniero, *La Pasqua della nostra Salvezza: le tradizioni pasquali della bibbia e della primitiva chiesa*, Casale Monferrato, Casa Editrice Marietti, 1971, pp. 145-146).

empobrecido, bem como foi perdida sua beleza originária e o sentido dos ritos[32].

Podemos atribuir a razão de todo esse processo à austeridade do jejum que durava desde a tarde da quinta-feira até a noite santa da Páscoa, bem como à generalização da prática do batismo de crianças[33], que produziu a antecipação da celebração noturna pascal primeiro para depois do meio-dia, depois ao meio-dia, chegando, no século XII, à manhã mesma do Sábado Santo.

Em 9 de fevereiro de 1951, mediante o decreto *Dominicae Resurrectionis*, o Papa Pio XII estabeleceu, de modo experimental, que se voltasse a celebrar a Vigília na noite de Páscoa, atendendo ao pedido de algumas Conferências Episcopais e em atenção ao ardente desejo do Movimento Litúrgico de que essa celebração retomasse seu devido lugar no plano da temporalidade. Por meio do decreto *Maxima Redemptionis Nostrae Mysteria*, de 16 de novembro de 1955, mediante o qual foi reformada a liturgia da Semana Santa, a celebração noturna da Vigília tornou-se novamente obrigatória[34]. Desse momento em

---

32. De fato, o Papa São Pio V, em 1566, por meio da Bula *Sanctissimus*, proibiu a celebração da missa no período da tarde à meia-noite.

33. Cf. João Diácono, *Epistula ad Senarium virum illustrem*: PL 59, pp. 399-408.

34. Cf. Sacra Congregatio Rituum. *Decretum Generale Maxima Redemptionis: liturgiciis Hebdomadae Sanctae ordo instauratur*, 9. O texto em língua portuguesa deste decreto pode ser encontrado em: *Guia Litúrgico da Semana Santa*, Lisboa, União Gráfica, 1957, pp. 227-237. Um precioso comentário à liturgia da Semana Santa, reformada em 1956, pode ser encontrado em: Braga, C.; Bugnini, A., *Cerimonial da Semana Santa*, Petrópolis, Vozes, 1959. Sobre o contexto histórico da reforma das celebrações pascais de 1955: Flores, Juan J., Cincuenta años de la reforma de la Semana Santa: el decreto *Maxima Redemptionis Nostrae Mysteria* de Pío XII, *Phase: Revista de Pastoral Litúrgica*, Barcelona, n. 272, pp. 119-126, 2006.

diante, na feliz expressão de Adolf Adam, "a liturgia católica romana redescobriu um tesouro perdido"[35].

> Não somente na cultura cristã ou judaica, mas em todas as religiões, a noite é tida como um momento privilegiado, pedagogicamente expressivo, do encontro com o transcendente. Em nosso caso, celebrar a vigília de Páscoa, toda ela à noite, tem motivos muito claros. [...] Esta é a noite em que somos trasladados à luz, à vida, à liberdade. Toda a celebração joga com a pedagogia sacramental da escuridão ambiente. A noite forma parte do "sinal pascal". Não tanto por querer imitar cronologicamente o horário da Páscoa de Jesus; não se trata tanto de imitar a hora em que ressuscitou, que não conhecemos, mas de pôr em marcha o simbolismo da passagem da noite ao dia, da escuridão à luz, da morte à vida, do pecado à graça: a passagem pascal. [...] Ademais, toda a celebração tem um forte matiz escatológico, voltado para o futuro, o que se expressa muito melhor no ambiente noturno[36].

Ingressamos, agora, na análise dos textos e na mistagogia dos gestos litúrgicos dessa primeira parte da Vigília.

Os fiéis se reúnem ao redor de uma fogueira, fora do templo, cujas luzes, por sua vez, devem estar apagadas. Feita a saudação, como de costume[37], o sacerdote que preside explica à assembleia litúrgica o sentido da celebração e o faz lendo a exortação apresentada pelo

---

35. ADAM, Adolf, *O ano litúrgico: sua história e seu significado segundo a renovação litúrgica*, São Paulo, Loyola, 2019, pp. 54-55.
36. ALDAZÁBAL, José, *El Tríduo Pascual*, Barcelona, Centre de Pastoral Litúrgica, 1998 (Biblioteca Litúrgica v. 8), pp. 136-137.
37. É importante salientar que a *saudação como de costume* não se refere à exortação explicativa, como tal rubrica foi equivocadamente interpretada, mas ao Sinal da Cruz acompanhado de alguma das fórmulas de saudação apresentadas pelo Missal Romano.

Missal Romano ou usando palavras semelhantes. Essa exortação explicativa lembra à assembleia litúrgica que a escuta atenta da palavra e a celebração dos sacramentos faz com que ela, unida a Cristo que passou deste mundo ao Pai, passe, também, "para Deus que é imutável"[38]:

> Nesta noite santa, em que nosso Senhor Jesus Cristo passou da morte à vida, a Igreja convida os seus filhos dispersos por toda a terra a se reunir em vigília e oração. Se comemorarmos a Páscoa do Senhor ouvindo sua palavra e celebrando seus mistérios, podemos ter a firme esperança de participar do seu triunfo sobre a morte e de sua vida em Deus[39].

> Irmãos caríssimos, velando nesta noite em recordação da sepultura do Senhor, nós velamos no tempo em que ele, por assim dizer, adormeceu. De fato, anunciando muito antes, por intermédio do profeta, a sua paixão, ele disse: 'Eu adormeci e despertei, porque o Senhor me acolheu'. Ele chama o seu Pai de Senhor. Portanto, na noite em que ele adormeceu, nós velamos a fim de que, pela morte que sofreu, nós vivamos. No tempo do seu momentâneo adormecer, nós celebramos uma vigília, a fim de que, velando-o por nós, possamos, na ressurreição, perseverar incansavelmente numa vigília eterna. Contudo, nesta noite, ele também ressuscitou, e é na expectativa desta ressurreição que nós velamos[40].

Feita a exortação introdutória, o sacerdote realiza, então, a bênção do fogo[41].

---

38. Santo Agostinho, *In Ioannis Evangelium Tractatus*, 55,1: *PL* 35, 1785.
39. *Missal Romano, Vigília Pascal na Noite Santa*, nº 8.
40. Santo Agostinho, *Sermo* 223B: *Guelf.* 4,2.
41. "Onde, por qualquer dificuldade, não se possa acender uma fogueira, a bênção do fogo seja adaptada às circunstâncias. Estando o povo reunido, como de costume, no interior da igreja, o sacerdote dirige-se à porta com os ministros, trazendo um deles o círio pascal. O povo, tanto quanto

É, pois, profundamente significativo o fato de essa celebração ter lugar no seio da noite: rompendo as portas da morte e a pedra do sepulcro, Cristo fez entrar na escuridão do mundo a luz do amor, declarando a vitória definitiva de Deus sobre o antigo inimigo, do bem sobre o mal, cujo confronto dramático é representado pelo jogo simbólico entre luz e trevas. O ser humano, a partir da ressurreição do Senhor e de seu triunfo sobre o mal que se esconde, pode viver na luz autêntica que jamais se extingue.

A oração, com efeito, apresentada pelo missal para a bênção do fogo novo resgata a visão do profeta Isaías que anuncia, para aqueles que caminhavam nas trevas, a chegada de uma grande luz[42], ao mesmo tempo em que proclama a tensão escatológica na qual decorre nossa vida cristã, de modo que a celebração memorial da paixão e da ressurreição do Senhor acenda e alimente em nosso coração o desejo pela Páscoa definitiva:

> Ó Deus, que pelo vosso filho trouxestes àqueles que creem o clarão da vossa luz, santificai este fogo novo. Concedei que a festa da Páscoa acenda em nós tal desejo do céu, que possamos chegar purificados à festa da luz eterna[43].

Após proceder à bênção do fogo, o sacerdote prepara e acende o círio pascal, que, "no respeito da veracidade do sinal, deve ser de cera, novo cada ano, único, relativamente grande, nunca artificial, para poder recordar que Cristo é a luz do mundo"[44]. Sua grande proporção recorda a coluna de luz que, através da noite escura, conduzia

---

possível, volta-se para o sacerdote. Depois da saudação e da exortação [...], benze-se o fogo [...] e caso se prefira, pode-se preparar e acender o círio [...]" (*Missal Romano, Vigília Pascal na Noite Santa*, nº 13).

42. Cf. Is 9,1.
43. *Missal Romano, Vigília Pascal na Noite Santa*, nº 9.
44. *Carta Circular Paschalis Sollemnitatis*, nº 82.

o povo hebreu[45], bem como a coluna de cera na qual, outrora, eram gravadas a data da Páscoa e das outras festas litúrgicas móveis. Os elementos simbólicos propostos pelo missal para serem gravados no círio, oriundos da tradição litúrgica franca e galicana, têm a função de realçar sua dignidade e seu significado[46].

Eis o rito:

• Enquanto traça as hastes vertical e horizontal da cruz, o sacerdote invoca a Cristo como *ontem* e *hoje*, *princípio* e *fim*, gravando as letras gregas A (alfa) e Ω (ômega) acima e abaixo e assinalando os algarismos do ano em curso nos quatros ângulos da cruz enquanto diz: "A ele o tempo e a eternidade, a glória e o poder pelos séculos sem fim. Amém". De fato, Cristo é o próprio sentido da nossa história, que para ele se orienta como para seu núcleo, e a força salvadora de sua Páscoa, celebrada na Sagrada Liturgia, é mistério sempre novo e eficaz.

• Feita a incisão da cruz e dos outros sinais, o sacerdote aplica no círio cinco grãos de incenso[47], com a finalidade de recordar as chagas, de dor e de glória, do Cristo Senhor, dizendo: "Por suas santas chagas, suas chagas gloriosas, o Cristo Senhor nos proteja e nos guarde. Amém".

---

45. Cf. Ex 13,21. A esse respeito, comenta Santo Ambrósio: "Quem é essa coluna de luz senão o Cristo Senhor, que dissipou as trevas do paganismo e espalhou a luz da verdade e da sua graça espiritual no coração dos homens?" (*De Sacramentis*, 1, 12).

46. Cf. ADAM, Adolf, *O ano litúrgico: sua história e seu significado segundo a renovação litúrgica*, São Paulo, Loyola, 2019, p. 55.

47. "A inserção no círio dos cinco grãos de incenso, como se sabe, tem sua origem numa leitura errada de um texto latino, no qual se confundiu o termo *incensum* — que significa 'aceso' e que se referia ao círio — com o mesmo termo que significa 'incenso'. Desta confusão, justamente, nasceram os 'grãos de incenso' que representam simbolicamente as cinco chagas do Senhor" (AUGÉ, Matias et al., *O ano litúrgico: história, teologia e celebração*, São Paulo, Paulinas, 1991, [Anámnesis, v. 5], p. 106).

Uma vez preparado, o círio é aceso. Apagado, significa o Cristo morto; iluminado, representa-o ressuscitado, embora assinalado com as marcas da Paixão[48], a luz que manifesta a vida que não se rende à morte e se difunde pela história. É, justamente, por isso que a luz do círio foi interpretada como sinal da divindade que não morre, enquanto a cera é o símbolo da humanidade do Filho de Deus que se consumiu em seu sacrifício na cruz[49].

"A luz do Cristo que ressuscita resplandecente, dissipe as trevas de nosso coração e de nossa mente"[50], diz o sacerdote ao acendê-lo. Tem início, então, a procissão de entronização do círio e da iluminação do templo.

Precedidos pelo turiferário e pelo diácono (ou, na falta dele, pelo sacerdote) portando o círio, os fiéis ingressam em forma de procissão no templo que está completamente escuro. O fato de a igreja estar tomada pela escuridão e ser progressivamente iluminada, junto à tríplice aclamação *"Eis a luz de Cristo!"*, resguarda uma bonita significação: representa o Antigo Testamento, que, clarificado pelo mistério pascal, ganha luz e perfeita compreensão, bem como o próprio mundo, que, escurecido pelo pecado, é definitivamente iluminado pela luz eterna de Cristo, que, radiante de glória, sai do sepulcro e vence a morte. "Na casa de Deus — comenta Pius Parsch —, todas as luzes são apagadas; o Antigo Testamento está acabado, e eis que vem a luz do mundo, o Cristo."[51]

---

48. Cf. Jo 20,20.
49. Cf. *Missal romano quotidiano: latim-português.* São Paulo, Paulinas, 1959, p. 373.
50. *Missal Romano, Vigília Pascal na Noite Santa*, nº 12.
51. PARSCH, Pius, *No mistério do Cristo: o ciclo temporal do calendário litúrgico*, Salvador, Oficinas Tipográficas do Mosteiro de São Bento, 1941, p. 397.

À segunda aclamação "*Eis a luz de Cristo!*", estando à porta da igreja, os fiéis são convidados a acender, na chama do círio, as velas que trazem nas mãos.

Seguindo a tradição patrística, duas imagens tomadas da natureza podem ilustrar e aprofundar o sentido dessa progressiva iluminação da igreja com a luz do círio e das velas que os fiéis portam.

Em sua teologia, bela e profunda, os antigos padres interpretaram o mistério da Páscoa à luz do que acontece na natureza com o término do inverno e o início da primavera, quando, misteriosamente, rebenta a vida outrora entorpecida, enchendo de beleza o mundo. A propósito disso, disse São Gaudêncio, bispo de Brescia, em uma homilia pascal: "O Senhor Jesus determinou que a bendita festa da Páscoa fosse celebrada no tempo adequado: depois das névoas do outono e da tristeza do inverno, e antes do calor do verão. Convinha, com efeito, que Cristo, sol de justiça, [...] restituísse a paz original de todas as coisas que o príncipe das trevas cobriu de escuridão"[52].

Outra imagem é a do sol nascente, que, dissipando as trevas, despede a noite e permite a visão. De fato, o templo na penumbra representa nossa própria existência presa à nostalgia do inverno e da noite escura, de modo que o luminoso ingresso do círio expressa, simbolicamente, o ingresso do próprio Cristo em nossa vida, ele que é o Sol nascente que ilumina os que "jazem nas trevas e na sombra da morte"[53] para despertar os corações adormecidos: "Desperta, tu que estás dormindo, levanta-te dentre os mortos, e Cristo te iluminará"[54].

O gesto dos fiéis de acender as velas, inspirado em um costume encontrado em Jerusalém, foi introduzido na celebração da Vigília na

---

52. SÃO GAUDÊNCIO DE BRESCIA, *Sermo* 1: *PL* 20, pp. 844-845.
53. Lc 1,78-79.
54. Ef 5,14.

reforma de 1951 e abriga um sentido profundamente rico[55]. A partir da luz nova que cintila no círio pascal, progressivamente vão sendo iluminadas as velas que os fiéis trazem consigo, de modo que, por meio da linguagem simbólica do fogo, vai se tornando visível o que o cristão é chamado a tornar concreto em sua existência: ser luz intensa que aquece e dissipa as trevas que, a partir da recusa de Deus, se instauram no mundo[56].

"Outrora éreis trevas, mas agora sois luz no Senhor. Procedei como filhos da luz."[57] Esta verdade anunciada pelo apóstolo São Paulo não se refere somente à necessidade de nos deixarmos iluminar pela luz que é Cristo, mas, sobretudo, ao imperativo de, também nós, sermos luz que torna claro o caminho daqueles que, imersos na escuridão, perdem o referencial para prosseguir peregrinando para o Céu.

Foi justamente por isso que, na antiguidade cristã, o sacramento do Batismo foi designado como *iluminação*[58]: uma vez que, a partir da efusão do Espírito Santo e da comunicação da virtude teologal da fé, a luz de Deus irrompe dentro de nós e abre o nosso olhar interior, somos chamados a ser sinais proféticos que põem às claras as trevas que ameaçam a existência humana, que obscurecem os verdadeiros valores e que impedem a luz de Deus de brilhar em meio às desordens do tempo presente.

O Batismo é, de fato, uma epifania do mistério pascal em nossa vida, pois, mediante esse sacramento, Deus faz brilhar em nosso coração a luz do amor de Cristo que não se apaga, dando-nos a pos-

---

55. Cf. SACRA CONGREGATIO RITUUM. *Decretum Dominicae Resurrectionis: de solemni Vigilia Paschali instauranda. Rubricae sabbato sancto servandae si Vigilia Paschalis instaurata peragatur*, pp. 10-13.
56. Cf. Mt 5,14.
57. Ef 5,8.
58. Em grego, φωτισμός (*fotismos*).

sibilidade de reconhecer o verdadeiro em meio ao falso e de discernir entre o que é realmente luminoso e o que é treva travestida de luz. Se nascer é vir à luz, pela graça batismal, Cristo nos faz vir à luz da graça, tornando-nos pessoas do dia sem fim que ele instituiu vencendo a noite da morte.

> Com a radicalidade do seu amor, no qual se tocaram o coração de Deus e o coração do homem, Jesus tomou verdadeiramente a luz do céu e trouxe-a à terra — a luz da verdade e o fogo do amor que transformam o ser do homem. Ele trouxe a luz, e agora sabemos quem e como é Deus. De igual modo sabemos também como estão as coisas a respeito do homem: o que somos nós e para que fim existimos[59].

Por outro lado, o gesto de trazer velas nas mãos manifesta a própria natureza dessa celebração, que é uma vigília, no dizer de Santo Agostinho, *mãe de todas as santas vigílias, na qual vigia todo o mundo*[60]. Ora, se a simbologia bíblica contempla na lâmpada uma imagem da alma vigilante[61], não pode haver símbolo mais apropriado para expressar a jubilosa esperança da Igreja, que, na escuridão da noite, sai ao encontro do Senhor que vem iluminá-la com sua luz radiante e quer encontrá-la desperta:

> Segundo antiquíssima tradição, esta noite é "uma vigília em honra do Senhor" (Ex 12,42). Assim os fiéis, segundo a advertência do Evangelho (Lc 12,35ss), tendo nas mãos lâmpadas

---

59. Papa Bento XVI, *Homilia na Vigília Pascal*, 22 de março de 2008. Disponível em: https://www.vatican.va/content/benedict-xvi/pt/homilies/2008/documents/hf_ben-xvi_hom_20080322_veglia-pasquale.html.

60. Santo Agostinho, *Sermo* 219: *PL* 38,1088: "*Matrem omnium sanctarum vigiliarum in qua totus vigilat mundus*".

61. Cf. Mt 25,1-13.

acesas, sejam como os que esperam o Senhor, para que, ao voltar, os encontre vigilantes e os faça sentar à sua mesa[62].

Aprofundando a reflexão, podemos dizer que as velas acesas tornam visível a própria realidade da tensão escatológica que caracteriza a existência cristã, da articulação entre o *já* e o *ainda não* da salvação, como vigilante espera pela chegada da vida sem fim, da Páscoa eterna que a celebração litúrgica da Páscoa prefigura, fazendo memória do passado e evocando a vida futura.

Nesse sentido, tem muita razão Raniero Cantalamessa ao definir a Vigília Pascal como "uma 'liturgia' da esperança"[63], em que as realidades da *lembrança*, da *presença* e da *espera* encontram-se intrinsecamente unidas, constituindo, todas e cada uma, a própria *alma* da celebração: vigiando, a Igreja se alegra na memória da Páscoa do Senhor que se torna presente; vigiando, espera confiante o seu retorno e a posse dos bens prometidos.

Com especial encanto escreveu Santo Agostinho sobre essa realidade: "Vede que alegria, meus irmãos; alegria por vossa presença, alegria por cantar salmos e hinos, alegria por recordar a paixão e a ressurreição de Cristo, alegria por esperar pela vida futura. Se simplesmente esperar nos causa tanta alegria, o que será possuí-la?"[64].

Do sinal do círio e das velas podemos haurir um último ensinamento, relacionado, ainda, ao mistério pascal e à existência cristã. A vela, ao realizar o gesto bondoso de oferecer iluminação e calor, vai, gradativamente, se consumindo, tal como o Cristo Senhor pregado na cruz que, no mistério de seu sacrifício, consumiu-se para nos dar a

---

62. *Missal Romano, Vigília Pascal na Noite Santa*, nº 1.
63. CANTALAMESSA, Raniero, *Páscoa: uma passagem para aquilo que não passa*, São Paulo, Paulinas, 2005, p. 50.
64. SANTO AGOSTINHO, *Sermo* 229B: *Guelf.* 8,2.

vida. Desse modo, em virtude de nossa união íntima a ele pelo Batismo, quando tomamos parte em sua missão e seu destino, somos chamados a nos consumir no amor a Deus e ao próximo, entregando-nos ao serviço que gera vida e comunicando aos outros a luz que crepita dentro de nós. Comunicar, mediante o testemunho cristão, a luz do amor e da verdade ao próximo é a condição para que essa mesma luz se mantenha acesa: "Aquele que diz estar na luz, mas odeia o seu irmão, ainda está nas trevas. Quem ama o seu irmão permanece na luz e não corre perigo de tropeçar"[65].

Em sua preciosa obra sobre os sinais sagrados, Romano Guardini apresenta uma inspiradora reflexão a respeito da vela, visualizando nela, brilhando sobre o altar com resoluta disposição, uma bela imagem da alma cristã a se consumir diante de Deus:

> Talvez digamos "Mas que sabe a vela de tudo isto? Se não tem alma!". Demos-lhe nós essa alma. Deixemo-la ser expressão da nossa. Deixemos despertar diante dela toda a nossa nobre disponibilidade: "Senhor, aqui estou!". E veremos como a sua altiva e pura permanência traduz os nossos próprios sentimentos. Deixemos que toda essa nossa disponibilidade se fortaleça até tornar-se fidelidade. E então sentiremos: "Senhor, aí nesta vela, sou eu diante de ti". Não queiramos fugir ao nosso destino: perseveremos. [...] Este é o sentido mais profundo da nossa vida: consumir-nos na verdade e no amor a Deus, como a vela se consome em luz e calor[66].

José Aldazábal, por fim, contempla a luz humilde do círio e das velas como sinal mediador entre a luz plena, Cristo, e a luz que deve ser a existência de cada cristão a brilhar no mundo. De fato, essa luz

---

65. 1Jo 2,9-10.
66. GUARDINI, Romano, *Os sinais sagrados*, São Paulo, Quadrante, 1995, pp. 26-27.

que se mantém à custa do sacrifício da cera não deve ser mero rito litúrgico a ser realizado, mas manifestação visível de uma realidade que habita o interior de cada fiel e de toda a Igreja: "a fé e a alegria dos que estão convictos da presença de Cristo entre eles e de que nele se encontra tudo o que esperam nesta vida ou na outra"[67].

1.5 A Proclamação da Páscoa (Precônio Pascal)

Chegando a procissão ao altar, as luzes da igreja são acesas. Enquanto o sacerdote se dirige à cadeira, o diácono deposita o círio em seu candelabro, colocado no centro do presbitério ou junto à mesa da Palavra, e, após pedir a bênção ao sacerdote, incensa o livro e o círio e canta solenemente a Proclamação da Páscoa[68], que é, concomitantemente, "oração de oferenda do círio a Deus e anúncio da Páscoa por meio de uma alegre ação de graças, em que lirismo e profundidade se rivalizam"[69].

De fato, nenhum outro texto litúrgico fala com tanta eloquência e admiração sobre o mistério da Páscoa do Senhor como este, sob cujas palavras, poéticas e profundas, se oculta e se revela a nobreza da solenidade celebrada, em que a Igreja agradece a Deus por se exceder em bondade para com seu povo: *Ó Deus, quão estupenda caridade vemos no vosso gesto fulgurar: não hesitais em dar o próprio filho, para a culpa dos servos resgatar.* Não há certeza quanto à autoria do texto da proclamação da Páscoa. Contudo, embora sua paternidade

---

67. ALDAZÁBAL, José, *Gestos e símbolos*, São Paulo, Paulinas, 2005, p. 40.
68. Na ausência do diácono — que, antes da proclamação da Páscoa, deve, como para o Evangelho, pedir a bênção ao sacerdote —, o próprio sacerdote ou um cantor pode entoá-la.
69. MARTIMORT, A. G., *A Igreja em oração: a liturgia e o tempo*, Petrópolis, Vozes, 1992, (v. 4), p. 52.

literária permaneça ainda oculta, é tanto inegável quanto evidente a influência da escrita de Santo Ambrósio em sua redação.

Há, na verdade, diversos textos do Precônio, sendo que o texto presente no atual Missal Romano foi, certamente, composto com a inspiração da liturgia galicana, em meados do século VII[70]. Tendo três partes principais (introdução, ação de graças e conclusão), esse hino proclama, em primeiro lugar, a alegria dos coros dos anjos pela ressurreição do Senhor, bem como o júbilo da Igreja que faz ressoar pela terra o anúncio dessa boa notícia. Após o agradecimento pascal e a ação de graças a Deus pelas maravilhas realizadas ao longo da história da salvação, há uma síntese do louvor e uma petição universal, abolida no texto do atual missal.

Pius Parsch, desvelando o sentido espiritual oculto em cada palavra, nos faz enxergar, no interior do hino, a menção a uma tríplice noite de Páscoa: uma *figurativa*, uma *histórica* e uma última *sacramental*[71], e isso à luz da leitura das Sagradas Escrituras que contempla seus sentidos literal e espiritual, profundamente relacionados entre si, conforme a conhecida máxima medieval: "a letra (isto é, o texto) diz o que aconteceu; a alegoria (isto é, o sentido do texto) o que deves crer"[72]. De fato, mediante a imersão na leitura tipológica da Bíblia, própria da tradição patrística, que faz do Precônio "verdadeira catequese mistagógica"[73], podemos contemplar o mistério pascal a partir do sentido profundo das figuras do Antigo Testamento que se reali-

---

70. Cf. EISENHOFER, Ludwig, *Compendio de Liturgia Católica*, Barcelona, Herder, 1956, p. 141.

71. PARSCH, Pius, *No mistério do Cristo: o ciclo temporal do calendário litúrgico*, Salvador, Oficinas Tipográficas do Mosteiro de São Bento, 1941, pp. 402-405.

72. *Littera gesta docet, quid credas alegoria.*

73. CANTALAMESSA, Raniero, *O mistério da Páscoa: na história, na liturgia, na vida*, Aparecida, Santuário, 2008, p. 92.

zam no Novo, apresentando a Páscoa como pleno cumprimento da obra da salvação.

Ora, o que podemos compreender por *Páscoa figurativa*? É, pois, a noite em que os filhos de Israel foram retirados do Egito e passaram, a pé enxuto, através do mar aberto; *a noite em que Faraó foi prostrado e os hebreus foram erguidos*, entoa o hino. O rito anual da Páscoa hebraica, mediante a imolação e o consumo do cordeiro, dos ázimos e das ervas amargas, devia fazer memória dessa passagem salvífica de Deus pelo Egito, quando, poupando os hebreus da morte, golpeou fatalmente os egípcios: "Nesta noite, eu passarei pela terra do Egito e ferirei todo primogênito na terra, desde as pessoas até os animais. Farei justiça para com todos os deuses do Egito. Eu sou o Senhor"[74].

É, portanto, recordação da *passagem* de Israel da escravidão à liberdade definitiva e, justamente, por isso, *figura* e *preparação* da Páscoa da nova aliança. Com efeito, é Cristo que realiza, em si mesmo, o trânsito da profecia à realidade, sendo o Cordeiro que, consumido na ceia e imolado na cruz, trouxe a definitiva salvação ao mundo inteiro: "Porque a figura passou e apareceu a realidade perfeita: em lugar de um cordeiro, Deus; em vez de uma ovelha, o homem; no homem, porém, apareceu Cristo, que tudo contém"[75].

Acerca da *Páscoa histórica*, diz o hino que é a *festa em que o real Cordeiro foi imolado*[76], cujo sangue vertido, assinalando as portas da nossa alma, salvou-nos definitivamente, levando à plena realidade a passagem salvífica do Senhor pelo Egito. O que viu o anjo exterminador, perguntam os padres, de tão precioso que passou adiante da casa dos hebreus e não os feriu? Ele enxergou, no

---

74. Ex 12,12.
75. São Melitão de Sardes, *De Pascha*, pp. 4-5.
76. Cf. 1Cor 5,7.

sangue do cordeiro, o sangue do real Cordeiro que tira o pecado do mundo[77].

> Os que se salvaram no Egito, quando pereceram os primogênitos dos egípcios, deveram a sua salvação ao sangue do cordeiro pascal, com que untavam um e outro lado dos umbrais e travessas das portas. É que o cordeiro pascal era Cristo, que devia ser sacrificado mais tarde, como disse Isaías. "Ele foi levado como ovelha ao matadouro." E está escrito que o prendestes no dia da Páscoa e no dia da Páscoa o crucificastes. Assim como os que estavam no Egito foram salvos pelo sangue do cordeiro pascal, da mesma forma o sangue de Cristo salvará da morte os que têm fé. De fato, acaso Deus iria se equivocar se não encontrasse esse sinal sobre as portas? Não sei quem pode afirmar isso, mas o fato é que antecipadamente anunciava a salvação que viria para todo o gênero humano por meio do sangue de Cristo[78].

Contudo, a *Páscoa histórica* não comporta somente a imolação cruenta de Cristo no Calvário; ela é, também, conforme canta o hino, *a noite em que ele rompeu o inferno ao ressurgir da morte vencedor*. Desse modo, o Precônio coloca, no centro da reflexão teológica que desenvolve, o todo do mistério da redenção. Cristo, dando a sua vida em resgate de muitos[79], feito maldição para trazer a bênção irrevogável e a graça do Espírito Santo[80], fez superabundar a graça onde abundou o pecado[81], tornando-se, assim, o novo Adão, que revoga, em sua obediência, a culpa em que o primeiro Adão fez cair toda a humanidade.

---

77. Cf. Jo 1,29.
78. São Justino, *Dialogus cum Tryphone Iudaeo* 111: *PG* 6, pp. 731-734.
79. Cf. Mt 20,28.
80. Cf. Gl 3,13ss.
81. Cf. Rm 5,20.

"Ó culpa tão feliz!"[82], proclama o hino, porque Cristo, nos acontecimentos pascais, leva em seu corpo toda a força destruidora do pecado e a transforma em salvação no fogo de seu amor redentor: "[...] Deus vos deu a vida com ele, quando ele nos perdoou todas as nossas faltas. Deus anulou o documento que, por suas prescrições, nos era contrário e o eliminou, cravando-o na cruz"[83]. Assim, deve ser grande a confiança e o nosso júbilo, porque a batalha entre o bem e o mal, entre o amor e o ódio, Cristo lutou e venceu, tornando-se nosso *tão grande Redentor*. Aqui é evidente a influência de Santo Ambrósio, que, com santa ousadia, proclamou: "Feliz ruína que foi reparada para melhor"[84].

O que dizer, por fim, acerca das solenidades pascais, da noite da *Páscoa sacramental*, que celebra e atualiza a Páscoa histórica da paixão e da ressurreição do Senhor? Canta o Precônio que ela comunica aos fiéis, sempre de novo, os dons pascais: *lava-nos dos nossos crimes, liberta-nos do pecado, dissipa o ódio, dobra os poderosos, ilumina e pacifica os corações*; é, por isso, *noite verdadeiramente feliz*[85] que renova o *divino comércio*[86] em que o Céu e a terra trocam seus dons: *"Noite de alegria verdadeira [...] que une de novo ao céu a terra inteira, pondo na treva humana a luz de Deus"*.

Todo o universo, por isso, transborda de alegria, e tal realidade é representada pela menção à cera que a abelha, mediante seu trabalho, oferece à confecção do círio: sua chama, tremeluzindo, simboliza a criação inteira, que, renovada, louva ao Pai pela ressurreição do Filho

---

82. *O felix culpa!*
83. Cl 2,13-14.
84. Santo Ambrósio, *In Psalmum 39 Enarratio*, 20: *PL* 14,1065: *"Felix ruina, quae reparatur in melius"*.
85. *Vere beata nox.*
86. *Sacrum Commertium.*

e é inundada e aquecida pela luz do amor de Cristo, que é o Espírito Santo.

O Precônio, destarte, anuncia à Igreja e ao mundo a grandeza da noite santa da Páscoa e a graça dos dons pascais mais uma vez oferecidos. Mas, para neles tomarmos parte, não basta, pura e simplesmente, emocionar-nos com a beleza das celebrações. De fato, para que tudo isso incida profundamente no terreno da vida espiritual, é preciso que nos unamos intimamente a Cristo e façamos a passagem, com ele, para o Pai, no sacramento e na esperança, na realidade da vida cotidiana.

1.6 Letra da Proclamação da Páscoa[87]

Exulte o céu, e os anjos triunfantes,
mensageiros de Deus, desçam cantando;
façam soar trombetas fulgurantes,
a vitória de um rei anunciando.

Alegre-se também a terra amiga,
que em meio a tantas luzes resplandece;
e, vendo dissipar-se a treva antiga,
ao sol do eterno rei brilha e se aquece.

Que a mãe Igreja alegre-se igualmente,
erguendo as velas deste fogo novo,
e escute, reboando de repente,
o Aleluia cantado pelo povo.

---

87. *Missal Romano, Vigília Pascal na Noite Santa*, nº 18.

E vós, que estais aqui, irmãos queridos,
em torno desta chama reluzente,
erguei os corações, e, assim unidos,
invoquemos a Deus onipotente.

Ele, que por seus dons nada reclama,
quis que entre os seus levitas me encontrasse:
para cantar a glória desta chama,
de sua luz um raio me traspasse!

O Senhor esteja convosco.
Ele está no meio de nós.

Corações ao alto.
O nosso coração está em Deus.

Demos graças ao Senhor nosso Deus.
É nosso dever e nossa salvação!

Sim, verdadeiramente é bom e justo
cantar ao Pai de todo o coração,
e celebrar seu filho Jesus Cristo,
tornado para nós um novo Adão.

Foi ele quem pagou do outro a culpa,
quando por nós à morte se entregou:
para apagar o antigo documento
na cruz todo o seu sangue derramou.

Celebração da Luz (Lucernário)

Pois eis agora a Páscoa, nossa festa,
em que o real cordeiro se imolou:
marcando nossas portas, nossas almas,
com seu divino sangue nos salvou.

Esta é, Senhor, a noite em que do Egito
retirastes os filhos de Israel,
transpondo o Mar Vermelho a pé enxuto,
rumo à terra onde correm leite e mel.

Ó noite em que a coluna luminosa
as trevas do pecado dissipou,
e aos que creem no Cristo em toda a terra
em novo povo eleito congregou!

Ó noite em que Jesus rompeu o inferno,
ao ressurgir da morte vencedor:
de que nos valeria ter nascido
se não nos resgatasse em seu amor?

Ó Deus, quão estupenda caridade
vemos no vosso gesto fulgurar:
não hesitais em dar o próprio filho,
para a culpa dos servos resgatar.

Ó pecado de Adão indispensável,
pois o Cristo o dissolve em seu amor;
oh, culpa tão feliz que há merecido
a graça de um tão grande redentor!

Só tu, noite feliz, soubeste a hora
em que o Cristo da morte ressurgia;
e é por isso que de ti foi escrito:
a noite será luz para o meu dia!

Pois esta noite lava todo o crime,
liberta o pecador de seus grilhões;
dissipa o ódio e dobra os poderosos,
enche de luz e paz os corações.

Ó noite de alegria verdadeira,
que prostra o faraó e ergue os hebreus,
que une de novo ao céu a terra inteira,
pondo na treva humana a luz de Deus.

Na graça desta noite o vosso povo
acende um sacrifício de louvor,
acolhei, ó Pai santo, o fogo novo;
não perde, ao dividir-se o seu fulgor.

Cera virgem de abelha generosa
ao Cristo ressurgido trouxe a luz:
eis de novo a coluna luminosa,
que o vosso povo para o céu conduz.

O círio que acendeu as nossas velas
possa esta noite toda fulgurar;
misture sua luz à das estrelas,
cintile quando o dia despontar.

Que ele possa agradar-vos como o filho
que triunfou da morte e venceu o mal:
Deus, que a todos acende no seu brilho,
e um dia voltará, sol triunfal.
Amém.

2

LITURGIA DA PALAVRA

Como podemos alimentar a nossa esperança? A liturgia desta noite dá-nos um bom conselho. Ensina-nos a *recordar as obras de Deus*. Com efeito, as leituras nos narraram a sua fidelidade, a história de seu amor por nós. A palavra viva de Deus é capaz de nos envolver nesta história de amor, alimentando a esperança e reavivando a alegria. [...] Não esqueçamos a sua palavra e as suas obras, senão perderemos a esperança e nos tornaremos cristãos sem esperança; por isso façamos memória do Senhor, da sua bondade e das suas palavras de vida que nos tocaram; recordemo-las e façamo-las nossas, para sermos sentinelas da manhã que sabem vislumbrar os sinais do Ressuscitado[1].

Terminada a solene proclamação da Páscoa, uma vez apagadas as velas, sentam-se todos para o início da *Liturgia da Palavra*. Cristo ressuscitado, cuja luz resplandecente brilha no círio pascal, faz-se presente em sua Igreja mediante sua palavra proclamada: "Para levar a efeito obra tão importante, Cristo está sempre presente em sua Igreja, sobretudo nas ações litúrgicas. [...] Presente está pela sua palavra, pois é ele mesmo que fala quando se leem as Sagradas Escrituras na Igreja"[2].

---

1. Papa Francisco, *Homilia na Vigília Pascal*, 22 de março de 2016. Disponível em: https://www.vatican.va/content/francesco/pt/homilies/2016/documents/papa-francesco_20160326_omelia-veglia-pasquale.html.

2. *Sacrosanctum Concilium*, nº 7.

Na celebração da Vigília Pascal devemos ter em conta que a leitura e a meditação da Palavra de Deus se constituem como elemento primordial, mediante o qual somos introduzidos, no aspecto mistagógico, no mistério pascal de Cristo para dele haurir a graça de morrer para o pecado e ressurgir para a vida nova dos filhos e das filhas de Deus. De fato, "a vigília de leituras é essencial à celebração da noite pascal"[3], sendo um momento por excelência em que a Igreja vigia e ora à espera do Senhor.

Reaparece, aqui, de modo bastante intenso, a intrínseca relação entre as dimensões da *memória*, da *presença* e da *expectativa* que atravessa a celebração da Vigília, conforme expõe a própria exortação com a qual o sacerdote anuncia o início da Liturgia da Palavra: "[...] tendo iniciado solenemente esta vigília, ouçamos no recolhimento desta noite a Palavra de Deus. Vejamos como ele salvou outrora o seu povo e nestes últimos tempos enviou seu filho como redentor. Peçamos que o nosso Deus leve à plenitude a salvação inaugurada na Páscoa"[4].

Com que intenção, pois, a Igreja proclama e medita, nesta noite, a Palavra de Deus com tamanha solenidade? A razão repousa na visita à história da salvação que a leitura das Escrituras permite à Igreja realizar, fazendo-a contemplar as maravilhas operadas pelo Senhor em favor de seu povo desde o princípio, na absoluta fidelidade às suas promessas. Morrendo na cruz e ressuscitando dos mortos, Cristo consumou a obra da redenção, levando à plena realidade as *maravilhas de Deus*[5] profeticamente anunciadas nas intervenções salvíficas reali-

---

3. Augé, Matias et al., *O ano litúrgico: história, teologia e celebração*, São Paulo, Paulinas, 1991, (Anámnesis, v. 5), p. 102.
4. *Missal Romano, Vigília Pascal na Noite Santa*, nº 22.
5. *Mirabilia Dei.*

zadas no Antigo Testamento. De fato, a Liturgia da Palavra da Vigília Pascal é uma "miniatura da história da salvação"[6].

Muita razão tem Augusto Bergamini ao afirmar que "a celebração da Vigília mostra a expressão concreta mais emblemática da fé da Igreja na unidade dos dois Testamentos e na relação intrínseca entre palavra que anuncia e sacramento que atua a obra da salvação"[7].

No movimento de revelação do sentido do Antigo Testamento a partir da realidade do Novo — *O Novo Testamento está oculto no Antigo e o Antigo está revelado no Novo*[8] —, a Igreja descobre que, no passado, feito presente de modo sacramental, está enraizada sua esperança mais profunda, vivificada por meio da proclamação das Escrituras Sagradas.

Descortina-se, aqui, uma tríplice realidade encontrada na Liturgia da Palavra da Vigília Pascal: narração e proclamação das maravilhas operadas por Deus outrora, que são atualizadas hoje, isto é, no tempo da Igreja, e anunciam as realidades futuras.

2.1 A Liturgia da Palavra na Vigília Pascal: das origens aos nossos dias

Desde as origens, a proclamação das Sagradas Escrituras se constitui como elemento primordial da celebração da Vigília Pascal, conforme podemos ler no já citado trecho da *Didascália dos Após-*

---

6. MÁRQUEZ, Juan Ordóñez, *Teologia y espiritualidade del Año Liturgico*, Madri, Biblioteca de Autores Cristianos, 1978, p. 288.

7. BERGAMINI, Augusto, *Cristo, festa da Igreja: história, teologia, espiritualidade e pastoral do ano litúrgico*, São Paulo, Paulinas, 2004, pp. 352-353.

8. SANTO AGOSTINHO, *Quaestiones in Heptateuchum* 2, 73: *PL* 34,623: "*Novum Testamentum in Vetere latet, Vetus in Novo patet*".

tolos: "A noite toda ficai juntos, acordados e em vigília, suplicando e orando, lendo os Profetas, o Evangelho e os Salmos, com temor e tremor e com assídua súplica até a terceira hora da noite"[9]. Mediante a proclamação e a meditação da Palavra de Deus, a Igreja recordava aos catecúmenos, como em um resumo, tudo quanto Deus realizou para salvá-los, dando-lhes, assim, as últimas instruções antes do Batismo, que lhes era administrado na noite santa da Páscoa. Eis o motivo pelo qual, em cada texto bíblico proclamado na Vigília, podemos enxergar uma alusão ao sacramento do Batismo.

Como é natural ao processo de desenvolvimento orgânico da Liturgia, o elenco das leituras bíblicas proclamadas na Vigília Pascal variou bastante no decurso da história. O número de seis leituras, fixado em um primeiro momento pela liturgia romana, foi, posteriormente, elevado até chegar a doze, sendo adotado, entre os séculos VII e VIII, o costume de se proclamá-las em latim e grego, justamente por influência dos papas oriundos do Oriente[10]. São justamente esses doze textos bíblicos que compõem a Liturgia da Palavra da Vigília Pascal no Missal Romano de 1570[11], que podem ser distribuídos em três blocos de quatro textos cada um, conforme explica Pius Parsch[12].

O primeiro bloco, com efeito, oferece quatro imagens do Reino de Deus bastante caras à Igreja antiga e à iconografia cristã primitiva:

---

9. *Didascalia Apostolorum Syriaca* 5,19, in: CANTALAMESSA, Raniero, *La Pasqua nella Chiesa antica*, Torino, Società Editrice Internazionale, 1978, p. 135.

10. Cf. AUGÉ, Matias et al., *O ano litúrgico: história, teologia e celebração*, São Paulo, Paulinas, 1991, (Anámnesis, v. 5), p. 102.

11. Reduzidas para quatro leituras com a reforma das solenidades pascais em 1955 (Gn 1,1-2, 2; Ex 14,24-15, 1; Is 4,2-6; Dt 31,22-30).

12. Cf. PARSCH, Pius, *No mistério do Cristo: o ciclo temporal do calendário litúrgico*, Salvador, Oficinas Tipográficas do Mosteiro de São Bento, 1941, pp. 400-402.

a Criação[13], o Dilúvio[14], o sacrifício de Isaac[15] e a passagem através do Mar Vermelho[16], mostrando Adão, Noé, Abraão e Moisés, que, como *figuras* de Cristo, anunciam profeticamente o advento do seu Reino.

Temos, no segundo bloco, a proclamação de quatro profecias[17], cujo sentido é esclarecido pela própria oração que acompanha a primeira delas: todos os favores com os quais o povo de Israel foi agradecido, de um modo muito mais elevado, realizam-se na Igreja.

Já o terceiro e último bloco de leituras apresenta quatro narrativas e diversas imagens: a noite da Páscoa hebraica e a imolação do cordeiro[18], Jonas e os ninivitas penitentes[19], as palavras de despedida de Moisés[20] e, por fim, o relato dos jovens na fornalha, como celebração à fidelidade de Deus[21]. A imagem dos jovens na fornalha

---

13. Gn 1,1-2,2.
14. Gn 5-8.
15. Gn 22,1-19.
16. Ex 14,24-15,1.
17. Is 54,17-55,11; *Br* 3,9-38; Ez 37,1-14; Is 4,1-6.
18. Ex 12,1-11. Este texto bíblico, na renovação das solenidades pascais, realizada em 1955, foi retirado da liturgia da Vigília, tendo sido, depois do Concílio Vaticano II, colocado como primeira leitura na Missa Vespertina da Ceia do Senhor. A retirada dessa leitura da liturgia da noite pascal foi lamentada por Raniero Cantalamessa e alguns liturgistas pelo fato de, seguindo antiga tradição, ela confirmar, na descrição do rito pascal primitivo, a continuidade entre a Páscoa da antiga e a Páscoa da nova Aliança (cf. AUGÉ, Matias, *Ano Litúrgico: é o próprio Cristo presente na sua Igreja*. São Paulo: Paulinas, 2019, p. 174; BERGAMINI, Augusto. *Cristo, festa da Igreja: história, teologia, espiritualidade e pastoral do ano litúrgico*, São Paulo, Paulinas, 2004, p. 360; CANTALAMESSA, Raniero, *La Pasqua della nostra Salvezza: le tradizioni pasquali della bibbia e della primitiva chiesa*, Casale Monferrato, Casa Editrice Marietti, 1971, pp. 154-155).
19. Jn 3,1-10.
20. Dt 31,22-30.
21. Dn 3,1-24.

era bastante querida à Igreja antiga, de modo que seu canto era encontrado no ofício noturno e a narrativa do fato preparava o ofício da manhã. Nela, os cristãos dos primeiros tempos contemplavam uma figura da ressurreição e hauriam força para enfrentar as crueldades do martírio.

Segundo as rubricas do Missal Romano de 1570, as leituras bíblicas proclamadas na celebração da Vigília deveriam ser cantadas (proclamadas) pelo celebrante em *voz baixa*, sem título ao início nem *graças a Deus* ao final, como para significar o fato de Cristo ainda não ter ressuscitado, bem como a maneira simples com que os catecúmenos deveriam ser instruídos. Tal costume, acompanhado pelo convite *ajoelhemo-nos* entre a leitura e a oração, foi supresso na renovação litúrgica operada após o Concílio Vaticano II, justamente para eliminar o aspecto penitencial que imprimiam à celebração.

É particularmente interessante o fato de, na tradição litúrgica, todas essas leituras se chamarem *profecias*. De fato, embora algumas não contivessem, diretamente, palavras sobre os acontecimentos futuros, todas assumiam, nesta celebração, uma *atitude profética*: à luz do mistério do Cristo morto e ressuscitado, o Antigo Testamento torna-se claro no Novo.

> O coração de Cristo designa a Sagrada Escritura que dá a conhecer o coração de Cristo. O coração estava fechado antes da Paixão, pois a Escritura era obscura. Mas a Escritura foi aberta após a Paixão, pois os que a partir daí têm a compreensão dela consideram e discernem de que maneira as profecias devem ser interpretadas[22].

Com a renovação da liturgia das celebrações pascais, já iniciada em 1951 e completada a partir do Concílio Vaticano II, cinco das doze

---

22. SANTO TOMÁS DE AQUINO, *Expositio in Psalmos*, 21, 11.

leituras do Missal de 1570 foram escolhidas para compor a Liturgia da Palavra da Vigília Pascal, sendo inseridos os textos do capítulo 54 do profeta Isaías e do capítulo 36 do profeta Ezequiel. Por razões de ordem pastoral, contudo, o atual missal assevera que "pode-se diminuir o número de leituras do Antigo Testamento", sendo necessário proclamar, pelo menos, "três leituras do Antigo Testamento ou, em casos especiais, ao menos duas. A leitura do Êxodo, capítulo 14, nunca pode ser omitida"[23].

Ademais, entre o convite *Oremos*, feito pelo sacerdote antes das orações que acompanham as leituras, e a oração propriamente dita, o missal propõe que seja feito um momento de silêncio, que pode, ainda, substituir o salmo responsorial[24]. De fato, o tom festivo que assinalou a primeira parte da Vigília se torna, agora, profundamente meditativo, uma vez que é em um ambiente de contemplação e oração que as Sagradas Escrituras devem ser proclamadas na Igreja.

Por fim, as orações que sucedem cada uma das leituras, em sua maioria originárias do Sacramentário Gelasiano e, provavelmente, compostas por São Leão Magno, interpretam a Palavra de Deus proclamada à luz do mistério de Cristo e da Igreja, tendo a Páscoa como o ponto máximo da história da salvação[25]: "O significado tipológico dos textos do Antigo Testamento tem suas raízes no Novo Testamento e aparece sobretudo na oração pronunciada pelo celebrante depois de cada uma das leituras"[26].

---

23. *Missal Romano, Vigília Pascal na Noite Santa*, nº 21.
24. Cf. *Missal Romano, Vigília Pascal na Noite Santa*, nº 23.
25. Cf. AUGÉ, Matias, *Ano Litúrgico: é o próprio Cristo presente na sua Igreja*, São Paulo, Paulinas, 2019, p. 174; MARTIMORT, A. G., *A Igreja em oração: a liturgia e o tempo*, Petrópolis, Vozes, 1992, v. 4, p. 53.
26. *Carta Circular Paschalis Sollemnitatis*, nº 86.

Deus eterno e todo-poderoso, que dispondes de modo admirável todas as coisas, dai aos que foram resgatados pelo vosso filho a graça de compreender que o sacrifício do Cristo, nossa Páscoa, na plenitude dos tempos, ultrapassa a grandeza da criação do mundo realizada no princípio[27].

2.1.1 Leituras do Antigo Testamento

Na celebração da Vigília Pascal, a Igreja propõe à nossa reflexão sete leituras do Antigo Testamento. Do relato da criação às palavras dos profetas, passando pela eleição e libertação de Israel, a Igreja deseja conduzir-nos através da história da salvação, cujo cumprimento se deu quando o Cristo Senhor realizou seu mistério pascal. O *sentido tipológico* desses textos lança suas raízes no próprio Novo Testamento, vindo à luz mediante a oração pronunciada pelo sacerdote depois de cada uma das leituras. De fato, como de modo inspirado afirmou São Gregório Magno, "o melhor comentário ao Antigo Testamento é o Novo Testamento"[28].

> Nesta noite, as leituras têm uma cuidadosa coerência entre elas. Apresentam-se como uma chave para entender a Cristo Jesus e seu mistério e para entender toda a história a partir de Cristo [...]. Assim, damos a Deus a palavra. A iniciativa é tomada por ele. Ele é quem nos ensina quais são seus planos e como foram se desenrolando na história. O Novo Testamento é iluminado pelo Antigo Testamento e o Antigo Testamento recebe a plenitude de seu sentido ao ser proclamado o Novo Testamento. No Antigo Testamento, porém, há um claro-escuro: é a etapa das figuras, das promessas. Somente a partir de Cristo

---

27. *Missal Romano, Vigília Pascal na Noite Santa*, nº 24.
28. São Gregório Magno, *Homiliae in Ezechielem* 1, 6,15: *PL* 76,836 B.

se vê a luz total. As leituras bíblicas são a melhor mistagogia ao sacramento, porque abrem o caminho para a celebração dos sacramentos pascais. Mas elas mesmas já são graça, salvação e força comunicada, eficaz, salvadora[29].

- **Primeira leitura**: *Deus viu tudo quanto havia feito e eis que tudo era muito bom* (Gn 1,1-2,2 ou 1,1.26-31a)

É antiga a ligação entre o evento da criação e a Páscoa, precisamente porque, celebrando sua libertação no princípio dos meses, o povo de Deus a contemplava como uma nova criação[30]. De fato, a celebração da festa pascal coincidia com o equinócio da primavera para significar a própria renovação da criação, conforme considera a exegese judaica: "[...] o equinócio da primavera é figura e imagem do princípio em que foi criado o mundo. Deus, para nos fazer recordar anualmente a criação do mundo, fez a primavera, a estação em que tudo brota e floresce"[31].

Já os padres da Igreja compreenderam o relato da criação não como narração científica das origens do mundo, mas como convite à contemplação de Deus como causa providente da criação, verdadeiro princípio e destino de tudo, ele que, na verdade, "sustenta todas as coisas, fazendo que elas sejam o que são"[32].

A Igreja, por sua vez, desde cedo interpretou o mistério da ressurreição do Senhor como uma criação nova, maior e mais admirável do que a antiga, justamente por ser obra restauradora da integridade

---

29. ALDAZÁBAL, José, *El Tríduo Pascual*, Barcelona, Centre de Pastoral Litúrgica, 1998 (Biblioteca Litúrgica v. 8), pp. 154-155.
30. Cf. Ex 12,2.
31. FÍLON DE ALEXANDRIA, *De Specialibus Legibus* 2,150.
32. *Gaudium et Spes*, 36.

inicial do mundo, perdida após a queda. É justamente por isso que, na noite pascal, a Igreja lê a narração da criação como uma *profecia*: ressurgindo dos mortos, na feliz expressão de Bento XVI, Cristo "faz nascer uma nova criação no meio da antiga, transforma o caos em cosmos"[33]. De fato — como bem disse José Aldazábal —, "tudo é novo na Páscoa. Tudo é gênesis: Cristo, novo Adão, e nós, participantes do novo céu e da nova terra"[34].

Há, na tradição patrística, diversos testemunhos acerca dessa correspondência:

> Deus criou o mundo na primavera. Com efeito, Deus disse a Moisés no mês de março: este será para vós o primeiro entre os meses do ano. [...] Por isso, o Filho de Deus levanta o mundo caído, mediante sua própria ressurreição, na mesma estação em que o havia criado do nada no princípio, para que todas as coisas ficassem renovadas nele[35].

A criação cósmica, com efeito, realizada tendo em vista Cristo[36], é o primeiro dom da história da salvação, o qual acolhemos plenamente quando experimentamos a força da redenção realizada pelo Senhor Jesus. Para criar o mundo, Deus revelou seu poder, mas, para remi-lo, revelou seu amor, que alcança seu ponto máximo no mistério pascal.

Após a leitura, a liturgia propõe à nossa meditação o Salmo 103 (104) ou o Salmo 32 (33). Ambos, celebrando Deus como criador e

---

33. Papa Bento XVI. *Homilia na Vigília Pascal*, 11 de abril de 2009. Disponível em: https://www.vatican.va/content/benedict-xvi/pt/homilies/2009/documents/hf_ben-xvi_hom_20090411_veglia-pasquale.html.

34. Aldazábal, José, *El Tríduo Pascual*, Barcelona, Centre de Pastoral Litúrgica, 1998 (Biblioteca Litúrgica v. 8), p. 156.

35. São Gaudêncio de Brescia, *Sermo* 1: *PL* 20,845.

36. Cf. Cl 1,16.

senhor, conduzem-nos ao reconhecimento de que, longe dele, não se pode sustentar nossa existência, de modo que, a partir da contemplação da beleza e da bondade da obra da criação, ergue-se à glorificação daquele que tudo fez.

> O céu e a terra existem e, através de suas mudanças e variações, proclamam que foram criados. [...] E todas as coisas proclamam que não se fizeram por si mesmas: "Existimos porque fomos criados; mas não existíamos antes de existir, portanto não podíamos ter criado a nós mesmos". [...] Por isso, Senhor, tu as criaste, tu que és belo, pois elas são belas; tu que és bom, pois elas são boas; tu que existes, já que elas existem. No entanto, nem são tão belas, nem tão boas, nem existem tal como existes, tu que és o criador delas. Comparadas contigo, nem são belas, nem boas, nem mesmo existem[37].

- **Segunda leitura:** *O sacrifício de nosso pai Abraão* (Gn 22,1-18 ou 22,1-2.9a.10-13.15-18)

Já na tradição judaica, o sacrifício de Isaac foi interpretado à luz da Páscoa, introduzindo na celebração pascal as realidades da *promessa* e da *aliança*. A nova aliança, que estende a todos os seres humanos o dom da eleição e da filiação prometido a Abraão e tornado realidade por sua fé obediente, é selada no sacrifício do filho muito amado do Pai, seu unigênito, do qual Isaac é figura[38].

De fato, em seu amor pela humanidade, Deus não poupou o próprio filho, mas o entregou por nós[39]. Desse modo, conforme assevera Orígenes, ele "compete magnificamente em generosidade com os ho-

---

37. Santo Agostinho, *Confessiones* 11,4,6: *PL* 32,811.
38. Cf. Jo 3,16.
39. Cf. Rm 8,32.

mens: Abraão ofereceu a Deus um filho mortal sem que este morresse; Deus entregou à morte o filho imortal pelos homens"[40].

O Salmo 15 (16) proclama a fidelidade do Senhor e a confiança do orante naquele que é sua herança e seu destino, realidades manifestas na oferenda que Abraão faz de seu filho a Deus e no fato de Cristo ter descido à mansão dos mortos, sem, contudo, ser nela abandonado. A oração que acompanha a leitura interpreta o texto proclamado à luz do sacramento do Batismo.

- **Terceira leitura:** *Os filhos de Israel entraram pelo meio do mar a pé enxuto* (Ex 14,15-15,1)

Esta é a única leitura do Antigo Testamento que, na celebração da Vigília Pascal, não pode ser omitida. De fato, a passagem do povo hebreu através das águas abertas foi interpretada, já nos escritos neotestamentários, como autêntica profecia da Páscoa de Cristo e do sacramento do Batismo, mediante os quais tem lugar a verdadeira e definitiva salvação do ser humano, nossa passagem do pecado e da morte para a gloriosa liberdade dos filhos de Deus[41]. Na verdade, como Cristo realizou o mistério da redenção precisamente por ocasião das festas pascais, celebradas pelos judeus como memória da saída do Egito, era quase natural que os textos pascais do Antigo Testamento fossem aplicados à sua Páscoa e ao batismo cristão.

O apóstolo São Paulo comentou, valendo-se da leitura tipológica das Escrituras, o evento da passagem através do Mar Vermelho, ligando-o à ressurreição do Senhor[42] e ao sacramento do Batismo[43].

---

40. Orígenes, *In Genesim Homilia* 8,8: *PG* 22,208.
41. Cf. Rm 8,21.
42. Cf. Rm 6,4.
43. Cf. 1Cor 10,1-2.6.

Aqui, a saída dos hebreus da casa da escravidão, selada pelo caminho aberto por Deus através das águas, já é um batismo, posto que ambas as realidades têm idêntico significado: propiciar ao ser humano o fim da servidão e o ingresso em uma nova forma livre e feliz de existir. De fato, o que Deus realizou outrora, mediante a vitória de Cristo sobre o antigo inimigo, realiza-o hoje, libertando seu povo de uma tirania espiritual e conduzindo-o à verdadeira Terra Prometida, isto é, ao Céu.

A tradição patrística explorou admiravelmente esta leitura tipológica do Êxodo: "[...] o mar é figura do batismo, já que livra do Faraó, como o batismo livra da tirania do diabo. O mar matou o inimigo: assim, no batismo, é destruída nossa inimizade com Deus. O povo saiu do mar são e salvo: nós também saímos da água como vivos entre os mortos"[44], escreveu São Basílio Magno.

A proclamação deste texto bíblico na Vigília Pascal deve conduzir a Igreja a uma compreensão mais profunda do mistério da Páscoa, que não é apenas mais um evento ocorrido dentro da história da salvação, mas o seu ápice: na saída do Egito, na morte e na ressurreição de Cristo e no Batismo, dá-se o mesmo acontecimento redentor, realizado nos distintos planos da economia salvífica: o da *figura*, o da *realidade* e o do *sacramento*. As orações propostas anunciam, no mistério pascal, o trânsito da prefiguração à realidade, do antigo ao novo, do particular, Israel, ao universal, a Igreja.

A leitura, por fim, desemboca no chamado cântico de Moisés[45], mediante o qual o povo louva ao Senhor que manifestou seu poder abatendo o inimigo e fazendo-o ingressar na Terra Prometida. Este hino encontra um paralelo admirável no Apocalipse de São João, que aí aparece como louvor dos que venceram o combate com a Besta, os

---

44. São Basílio Magno, *De Spiritu Sancto* 14,31: *PG* 32,123.
45. Ex 15.

libertados por excelência, que entoam o canto de Moisés e do Cordeiro, no qual concordam o Antigo e o Novo Testamentos[46].

- **Quarta leitura:** *Com misericórdia eterna, eu, o teu Senhor, compadeci-me de ti* (Is 54,5-14)

O texto descreve a nova Jerusalém, reconstruída após o exílio babilônico. Quando os exilados chegam à Palestina, veem a Cidade Santa arruinada, e é justamente a partir dessa situação desoladora que o Senhor promete a redenção a seu povo. Para falar sobre a misericórdia infinita de Deus, eternamente fiel à aliança firmada, o profeta usa a imagem nupcial da esposa repudiada e, a seguir, chamada de volta. De fato, o amor de Deus é criador e redentor, capaz de reedificar a cidade destruída e produzir o retorno interior de seu povo à sua amizade.

À luz da interpretação tipológica dada pelo apóstolo São Paulo a esta realidade[47], a Igreja lê, nessa profecia, uma prefiguração de seu próprio mistério. Na história do povo de Israel e na primeira aliança, o mistério da Igreja foi preparado e prefigurado[48], ela que é o novo povo de Deus. De fato, mediante seu mistério pascal, Cristo reuniu,

---

46. Cf. Ap 15,2ss. A escolha destas três primeiras leituras está profundamente enraizada na tradição judaica. De acordo com um texto pascal hebraico (cf. *Targum do Êxodo*, 12,42), no decurso da noite de Páscoa, os judeus celebravam a memória das chamadas *Quatro Noites*, nas quais contemplavam toda a história da salvação: a criação do mundo, o sacrifício de Abraão, a passagem através do Mar Vermelho e a noite final, quando o mundo chega ao fim para ser salvo. Todas elas, com efeito, têm seu ponto de convergência na noite pascal. Sobre o tema: FORTE, Bruno, *As quatro noites da salvação*, São Paulo, Paulinas, 2012.

47. Cf. Gl 4,26-27.

48. Cf. *Lumen Gentium*, n° 2.

em um só povo, os homens divididos e dispersos, congregando-os na unidade do Pai e do Filho e do Espírito Santo[49].

O Salmo 29 (30) exalta a benevolência de Deus para com seu povo, exprimindo-a mediante passagens que levam da morte à vida, da doença à cura, do túmulo à luz, do pranto ao júbilo, da ira momentânea à bondade que dura eternamente. A oração enfatiza a realização, no presente da Igreja, da promessa outrora feita aos santos patriarcas.

- **Quinta leitura:** *Vinde a mim, ouvi e tereis vida; farei convosco um pacto eterno* (Is 55,1-11)

O profeta, mais uma vez, dirige uma admoestação àqueles que, exilados na Babilônia, devem retornar a Israel, valendo-se, agora, da imagem do grande banquete, que, como sinal da fidelidade de Deus às suas promessas, haveria de se realizar plenamente nos tempos messiânicos.

De fato, é preciso que o povo regresse à pátria. Contudo, mais do que isso, é preciso que retorne ao Senhor, ou seja, converta-se. O retorno do exílio — exterior e interior — é dom gratuito de Deus e deve ser, por isso, acompanhado de um sincero retorno a seu amor, do qual o ser humano tem sede. A aspiração à libertação e ao retorno à pátria, aqui, deve remeter para outro anseio muito mais profundo: o anseio pela salvação, realizada plenamente por Cristo em sua Páscoa, que torna realidade o que anunciou a voz dos profetas.

O cântico bíblico, tomado do capítulo 12 do mesmo profeta Isaías, convida a assembleia ao louvor e à ação de graças, que naturalmente devem nascer da libertação por Deus concedida. A oração que acompanha esta leitura acolhe a novidade anunciada pelo profeta:

---

49. Cf. *Lumen Gentium*, n° 9.

gratuitamente, o Senhor sacia a sede que seu povo tem pela salvação, razão de sua esperança continuamente renovada nas ações litúrgicas.

- **Sexta leitura:** *Marcha para o esplendor do Senhor* (*Br* 3,9-15.32-4,4)

Extraída de um poema dedicado à sabedoria, também esta leitura está situada no contexto do exílio babilônico. Israel foi para o exílio justamente por não ter sido sábio, ou seja, por não ter sabido observar com retidão a vontade de Deus que se revela em sua lei: "Abandonaste a fonte da sabedoria! Se tivesses continuado no caminho de Deus, viverias em paz para sempre"[50]. Aqui, com efeito, encontra-se a causa do exílio e, ao mesmo tempo, o caminho do regresso à vida: para novamente gozar de tudo o que de melhor possa existir, Israel deve se converter, isto é, voltar a trilhar o caminho luminoso da sabedoria.

Cristo é, verdadeiramente, a própria sabedoria, muito embora considerada pelos homens como fraqueza e loucura[51]. Realizando sobre a cruz seu mistério pascal, ele revela à inteligência humana a ciência do amor como a sabedoria autêntica, como o fardo leve que deve carregar quem deseja regressar a Deus e conservar-se na amizade com ele[52]. É somente acolhendo o Cristo, a sabedoria que, como homem, foi "vista sobre a terra"[53], que podemos encontrar o caminho de retorno à casa do Pai e nela permanecer.

A segunda parte do Salmo 18 (19), entoado após a leitura, louva a lei de Deus por aquilo que ela é e por aquilo que proporciona àquele que a acolhe: conforto para a alma, sabedoria, alegria ao coração e

---

50. *Br* 3,12.
51. Cf. 1Cor 1,22-25.
52. Cf. Mt 11,25-30.
53. *Br* 3,38.

luz para os olhos. A oração proposta interpreta o texto bíblico à luz do sacramento batismal: de fato, por meio do batismo, Deus chama todos os povos da terra para que, saindo do exílio do pecado, sejam integrados à sua família[54].

- **Sétima leitura:** *Derramarei sobre vós uma água pura e dar-vos-ei um coração novo* (Ez 36,16-17a.18-28)

Ezequiel fala ao povo de Israel disperso, dirigindo-lhe, da parte de Deus, um apelo para que retorne, sendo que tal retorno deve ser mais espiritual que geográfico. De fato, o Senhor não quer somente reconduzir seu povo à Terra Prometida, mas, sim, reconduzi-lo a si, convertendo-o, a partir de dentro, do mal da idolatria. A purificação dos pecados e o dom do Espírito, derramados por Deus sobre Israel, coloca-o em condições de observar fielmente a Aliança, embasada na pertença recíproca entre Deus e seu povo: "Serei o meu povo e eu serei o vosso Deus"[55].

Cristo, em sua Páscoa, tornou novo o velho e devolveu ao mundo sua integridade inicial. Por meio do Batismo, que age "destruindo e construindo"[56], esta graça da purificação e da renovação plena está continuamente aberta para nós. Por intermédio dele, o Senhor aniquila o pecado e, pela ação do Espírito Santo, restaura nosso interior para que vivamos como seus filhos e correspondamos convenientemente a esta altíssima vocação[57]. O Batismo é, de fato, o ingresso na vida nova da comunhão com Deus em sua Igreja.

---

54. Cf. *Lumen Gentium*, nº 13.
55. Ez 36,28.
56. CASARIN, Giuseppe (Org.), *Leccionário comentado: Quaresma — Páscoa*, Lisboa, Paulus, 2009, p. 351.
57. Cf. *Gaudium et Spes*, nº 22.

Após a proclamação da leitura, são cantados alguns versículos do Salmo 41 (42)[58], os quais expressam, mediante a imagem da sede corporal, o anseio interior do orante pelo encontro com Deus. Ambas as orações propostas pelo missal representam a realidade da renovação universal que o amor de Deus realizou mediante o mistério da Páscoa.

2.1.2 Canto do Hino de Louvor e Oração do Dia

Terminada a proclamação da última leitura, com seu salmo responsorial e sua oração correspondentes, o sacerdote entoa o hino *Glória a Deus nas alturas*, que todos cantam, enquanto se tocam os sinos da igreja — silenciosos desde a missa vespertina da Ceia do Senhor — e as velas do altar são acesas[59].

Concluído o canto do Hino de Louvor — já encontrado no culto litúrgico em meados do século IV —, o sacerdote diz, como de costume, a Oração do Dia, manifestando, por meio dela, a índole desta celebração: "Ó Deus, que iluminais esta noite santa com a glória da ressurreição do Senhor, despertai na vossa Igreja o espírito filial para que, inteiramente renovados, vos sirvamos de todo o coração. Por nosso Senhor Jesus Cristo, vosso Filho, na unidade do Espírito Santo"[60].

Na Páscoa, a batalha espiritual entre luz e trevas alcançou seu apogeu: a luz venceu, isto é, Cristo ressuscitou e reina, agora, eternamente. Todavia, o mundo, de certo modo, ainda está escuro, não obstante a luz de Deus que brilha sem cessar e deseja iluminá-lo. A

---

58. Quando há batizados na celebração da Vigília, pode ser entoado o cântico de Isaías 12, como após a quinta leitura, ou, ainda, o Salmo 50 (51).
59. Cf. *Missal Romano, Vigília Pascal na Noite Santa*, nº 31.
60. *Missal Romano, Vigília Pascal na Noite Santa*, nº 32.

conversão da noite em dia passa, necessariamente, pela nossa conversão, fruto da graça que emana para todos do mistério pascal de Cristo.

De fato, a Páscoa do Senhor é uma realidade plenamente dinâmica. É, na bela expressão de Santo Agostinho, o *transitus*, isto é, a *passagem* de Jesus ao Pai, bem como o *transitus* do homem, no sacramento e na esperança, do pecado à graça, da morte à vida: "Eis a Páscoa, eis o trânsito. De onde e para onde? *Deste mundo para o Pai.* Na cabeça foi dada aos membros uma esperança, porque, transitando a cabeça, sem dúvida, hão de segui-la os membros"[61].

A referência ao sacramento batismal é bastante clara na oração. O Batismo, particularmente administrado na noite pascal, ao introduzir-nos na vida divina, fazendo-nos à graça de filhos adotivos de Deus, impõe sobre nós a grande responsabilidade de perseverarmos no seu santo serviço.

Concluída a Oração do Dia, faz-se a leitura da epístola.

2.1.3 Epístola: Cristo ressuscitado dos mortos não morre mais (Rm 6,3-11)

São Paulo, neste trecho da carta que dirige aos Romanos, interpreta o sacramento do Batismo à luz do mistério pascal de Cristo, concebendo-o como realidade mediadora que nos transmite os efeitos da Páscoa do Senhor, sendo, na bela expressão de Giuseppe Casarin, verdadeira "ponte entre a Páscoa e nós"[62]. Aqui, encontramos a principal reflexão dos escritos neotestamentários acerca deste sacramento, que representa e realiza nossa união a Jesus morto e ressuscitado.

---

61. SANTO AGOSTINHO, *In Ioannis Evangelium Tractatus*, 55,1: *PL* 35,1785.

62. CASARIN, Giuseppe (Org.), *Leccionário comentado: Quaresma — Páscoa*, Lisboa, Paulus, 2009, p. 359.

O Batismo torna visível, em nossa existência, o movimento da descida do Senhor ao sepulcro e de sua elevação à vida eterna por meio da ressurreição, pois, passando sacramentalmente pela água, o catecúmeno dela emerge, interiormente purificado, para a vida de homem novo, sendo ele, mas já não ele[63]: "Pelo batismo na sua morte, fomos sepultados com ele, para que, como Cristo ressuscitou dos mortos para a glória do Pai, assim também nós levemos uma vida nova"[64].

A graça batismal, desse modo, não somente nos une a Cristo, enxertando-nos em seu Corpo Místico como membros dele, como também nos faz permanecer em Cristo, uma vez que, a partir de então, nossa vida é sustentada por ele e é a ele totalmente entregue. Uma vez batizado, como bem disse Odo Casel, "o cristão não é mais um homem puro e simples como veio ao mundo, mas um homem transformado, um homem divinizado, regenerado por Deus, um filho adotivo de Deus. Ele carrega em si a vida de Deus"[65].

Contudo, para que esta graça seja, de fato, realidade, é indispensável que assumamos, no cotidiano da vida, uma verdadeira "conduta pascal"[66], compreendida como contínua morte para o pecado e ressurreição para a vida em Deus: "Assim, vós também considerai-vos mortos para o pecado e vivos para Deus, em Cristo Jesus"[67].

Concluída a leitura da epístola, todos se levantam para que o sacerdote entoe, solenemente, o Aleluia.

---

63. Cf. Gl 2,20.
64. Rm 6,4.
65. CASEL, Odo, *O mistério do culto no cristianismo*, São Paulo, Loyola, 2009, p. 32.
66. BERGAMINI, Augusto, *Cristo, festa da Igreja: história, teologia, espiritualidade e pastoral do ano litúrgico*, São Paulo, Paulinas, 2004, p. 365.
67. Rm 6,11.

2.1.4 Aleluia: o cântico novo do homem novo

Na celebração da Vigília Pascal, o canto do Aleluia é revestido de grande solenidade, sendo o grande grito de louvor e júbilo que a Igreja eleva a Deus pela ressurreição do Senhor. Seu canto, depois do silêncio quaresmal, ressoa através dos cinquenta dias pelos quais perdura o tempo pascal. A palavra *Aleluia*[68] é composta a partir de duas expressões: *hallelu*, que significa *louvem*, e *yah*, forma abreviada do tetragrama sagrado que designa o nome inefável de Deus. Aleluia, portanto, é um convite ao louvor: *louvem a Deus, louvem ao Senhor.*

O Aleluia é, por diversas vezes, encontrado nas Escrituras. No Antigo Testamento, aparece como exclamação litúrgica no livro de Tobias[69] e, particularmente, no livro dos Salmos, como aclamação das orações de *Hallel*, e no Novo Testamento é encontrado no livro do Apocalipse de São João como canto de triunfo daqueles que, em Cristo, obtiveram a vitória sobre as forças do mal[70]. Podemos dizer, valendo-nos das palavras de José Aldazábal, que "essa breve palavra é como o resumo de toda a oração de louvor que elevavam a Deus tanto os crentes do Antigo Testamento como os do Novo Testamento"[71], uma síntese de todo o canto de louvor elevado a Deus por Israel e pelo novo Israel, que é a Igreja.

É justamente como um convite para que tomemos parte no louvor santo e alegre a Deus que o Aleluia ingressou na liturgia cristã. As primeiras menções de sua presença na missa do dia da Páscoa se dão durante o pontificado do papa São Dâmaso, no século IV, sendo, já no século seguinte, estendido a todo o tempo pascal. Por incentivo do

---

68. Em hebraico, הַלְלוּיָהּ (*halleluyah*).
69. Cf. *Tb* 13.
70. Cf. Ap 19.
71. ALDAZÁBAL, José, *Vocabulário básico de Liturgia*, São Paulo, Paulinas, 2013, p. 21.

papa São Gregório Magno, seu canto foi definitivamente introduzido na liturgia da missa, exceto nos dias de caráter penitencial. Foi, por fim, somente na Idade Média que apareceu o solene canto do chamado *grande Aleluia*, próprio do tempo pascal[72]. Mediante seu canto, a assembleia dos fiéis acolhe e acompanha a procissão do livro dos Evangelhos até a mesa da Palavra, ao mesmo tempo em que prepara o coração para escutar a voz daquele que tem palavras de vida eterna[73].

Ao lado da luz e da água, na noite santa da ressurreição do Senhor, o canto solene do Aleluia é um rito litúrgico que manifesta, mediante a linguagem musical, a feliz novidade que emana do túmulo vazio. A Igreja, ao tomar conhecimento de tão ditosa notícia, outra coisa não pode fazer senão cantar, uma vez que o falar não dá conta de exprimir um tão grande júbilo. Em Maria, irmã de Moisés, que canta após a passagem do povo hebreu através do mar aberto[74], os santos padres visualizaram uma figura da própria Igreja que conduz seus filhos ao Céu cantando de alegria.

O canto decorre da alegria e é, na verdade, uma espécie de natural expressão da felicidade. Cantando, pleno de alegria pascal, o homem renascido para a verdadeira vida manifesta uma exultação que não se limita a discursos, justamente porque está muito acima de toda e qualquer palavra. O Aleluia, desse modo, é o anúncio do que o coração quer expressar sem saber como dizer; como bem disse Bento XVI, "é como uma primeira revelação daquilo que um dia pode e deve acontecer conosco: que todo o nosso ser seja uma única grande alegria"[75].

---

72. Cf. Eisenhofer, Ludwig, *Compendio de Liturgia Católica*, Barcelona, Herder, 1956, p. 190.

73. Cf. Jo 6,68.

74. Cf. Ex 15,20-21.

75. Ratzinger, Joseph, *Dogma e Anúncio*, São Paulo, Loyola, 2007, p. 296.

A mistagogia do canto do Aleluia era bastante cara à meditação dos antigos padres, dos quais a Igreja hauriu belíssimas páginas:

> Chegaram os dias de cantarmos Aleluia. [...] Estai atentos, vós que sabeis cantar e salmodiar em vossos corações ao Senhor, sempre e por tudo dando graças; e louvai a Deus: tal é o significado do Aleluia. [...] O número cinquenta [...] a contar da ressurreição do Senhor, em que cantamos o Aleluia, não significa a passagem e fim de um tempo, mas figura a eternidade feliz. [...] Ouçamos, portanto, as vozes que saem do peito do povo de Deus, repletas do louvor divino. Eis que neste salmo ressoa a voz de alguém que exulta com regozijo feliz e prefigura o povo de Deus, isto é, o corpo de Cristo, libertado de todo mal e com o coração transbordante de amor[76].

Após o presidente da celebração entoar por três vezes o Aleluia[77], o salmista canta alguns versículos do Salmo 117 (118), cântico que encerra o grande *Hallel*, ao qual o povo responde com o Aleluia. Depois da superação de um perigo mortal, obra da misericórdia divina, o salmista convida a assembleia à ação de graças. De fato, a misericórdia de Deus realiza obras grandes e maravilhosas em favor de seu povo, sendo a maior delas a própria ressurreição do seu filho: "A mão direita do Senhor fez maravilhas, a mão direita do Senhor me levantou, a mão direita do Senhor fez maravilhas"[78]. Levantando o

---

76. Santo Agostinho, *In Psalmum 90 Enarratio*, 1: *PL* 37, 1463-1464.
77. Quando a celebração da Vigília Pascal é presidida por um bispo, o Cerimonial dos Bispos acrescenta o seguinte rito antes do canto solene do Aleluia: "Terminada a Epístola, conforme as conveniências e os costumes locais, um dos diáconos ou um leitor dirige-se ao bispo e diz-lhe: *Reverendíssimo Pai, eu vos anuncio uma grande alegria: o Aleluia*" (*Cerimonial dos Bispos*, nº 352).
78. Sl 117,16ab.

filho muito amado do sepulcro, Deus levantou todo o gênero humano para a vida que não conhece fim[79].

2.1.5 O Evangelho

Concluído o canto do Aleluia, o diácono, ou, na ausência dele, o próprio sacerdote proclama o trecho do Evangelho correspondente ao ano litúrgico em curso:

- **Ano A:** *Ele ressuscitou e vai à vossa frente para a Galileia* **(Mt 28,1-10)**
- **Ano B:** *Jesus de Nazaré, que foi crucificado, ressuscitou* **(Mc 16,1-7)**
- **Ano C:** *Por que estais procurando entre os mortos aquele que está vivo?* **(Lc 24,1-12)**

Como estão ligados a tradições e leituras diversas do evento, os relatos evangélicos da ressurreição do Senhor, proclamados na Vigília Pascal, apresentam sutis divergências entre si. Apesar disso, têm importantes elementos comuns, a partir dos quais se proclama o grande mistério do Cristo que venceu a morte e vive para sempre.

Temos, em primeiro lugar, a *constatação do túmulo vazio*, fato exposto pelos três textos sinóticos e que aparece como sinal indicativo da ressurreição do Senhor[80]. Todavia, em sua realidade de sinal, conduz para além de si e de seu sentido particular.

A *presença de personagens misteriosos* é um segundo elemento comum: um anjo, segundo Mateus[81]; um jovem, segundo Marcos[82];

---

79. Cf. At 10,40.
80. Cf. Mt 28,6; Mc 16,6; Lc 24,3.6.
81. Cf. Mt 28,2.5.
82. Cf. Mc 16,5.

dois homens, segundo Lucas[83]. Sua missão, com efeito, consiste em esclarecer a ausência do corpo do Senhor, em interpretar o fato de o túmulo estar vazio e, a partir disso, anunciar que ele ressuscitou:

> [...] encontrar o sepulcro vazio significa unicamente que ele está vazio; apenas a boca do anjo proclama a ressurreição de Jesus Cristo e promete sua aparição. [...] Sim, o sepulcro; mas, devemos acrescentar, apenas na medida em que junto dele se ouve a voz do anjo, que, como lemos em Lucas, remete para longe do sepulcro[84].

Em terceiro lugar, temos a questão do *corpo de Jesus ressuscitado*, assinalado por algumas características: é real, podendo ser, por isso, alcançado pelos sentidos[85]; está em continuidade com o corpo de antes[86], mas, ao mesmo tempo, é diverso do corpo de antes, sendo *corpo espiritual*[87], cujo modo de ser, que não deve voltar à corrupção[88], transcende a maneira meramente terrena. De fato, Ele transpõe as portas fechadas e não pode ser reconhecido, imediatamente, pelos que o veem[89], dada sua inexplicável transcendência[90].

Os relatos do Evangelho também dão a conhecer, de diversas maneiras, a incompreensível transcendência do Ressuscitado em sua aparição [...]. O Ressuscitado é reconhecido, mas não deve ser reconhecido. Está presente quando se doa e, ao mes-

---

83. Cf. Lc 24,4.
84. SCHLIER, Heinrich, *Sobre a ressurreição de Cristo*, Roma, La Moderna, 2008, p. 35.
85. Cf. Mt 28,7-10.
86. Cf. Lc 24,39-40.
87. Cf. 1Cor 15,44.
88. Cf. At 13,34.
89. Cf. Lc 24,16.
90. Cf. Lc 24,5.

mo tempo, quando se esquiva. Deixa-se tocar e foge a esse contato. Está presente de uma forma corpórea mas também numa inconcebível e divina heterogeneidade[91].

Concluída a proclamação do Evangelho, acompanhada apenas pelo incenso e não pelas velas[92], como de costume, o sacerdote profere a homilia.

2.2 Orientações pastorais

"No diálogo salvífico que acontece na liturgia, um lugar particularmente importante corresponde à Palavra de Deus"[93], pois, por meio de sua leitura e meditação, estabelece-se, entre Deus e seus filhos, um colóquio vivo de amor em que o anúncio da salvação é, sempre, de novo, comunicado e atualizado.

A celebração da Vigília Pascal, ao nos conduzir a um encontro profundo com a Palavra de Deus, é ocasião oportuna para que redescubramos nossa identidade cristã, à luz do mistério do Cristo morto e ressuscitado, verdadeiro intérprete dos fatos e das palavras que, à meditação da Igreja, são apresentados na noite santa. A partir da escuta atenta da voz de Deus que nos fala mediante a leitura das Sagradas Páginas, no recolhimento e no silêncio que se abrem ao louvor, a fé é revigorada e a alma é alimentada, encontrando, aqui, a vida espiritual, sua fonte pura e perene[94].

---

91. SCHLIER, Heinrich, *Sobre a ressurreição de Cristo*, Roma, La Moderna, 2008, p. 27.
92. Cf. *Missal Romano, Vigília Pascal na Noite Santa*, n° 35.
93. CASTELLANO, Jesús, *Liturgia e vida espiritual: teologia, celebração, experiência*, São Paulo, Paulinas, 2008, p. 283.
94. Cf. *Dei Verbum*, n° 21.

Na celebração litúrgica é máxima a importância da Sagrada Escritura. Pois dela são lidas as lições e explicadas na homilia e cantam-se os salmos. É de sua inspiração e seu bafejo que surgiram as preces, as orações e os hinos litúrgicos. E é dela também que os atos e os sinais tomam a sua significação[95].

Mas para que tudo isso se torne realidade concreta na existência de cada pessoa que toma lugar na assembleia litúrgica, a partir do imprescindível intercâmbio entre liturgia e vida, é preciso que nossas comunidades preparem cuidadosamente a Liturgia da Palavra da Vigília Pascal, a fim de produzir um ambiente que favoreça a *participação ativa* do povo de Deus, mais viva, atenta e interior:

- *Proclamação clara e inteligível dos textos bíblicos*: a fim de que a Palavra de Deus manifeste toda a sua força e eficácia, aquele que a proclama deve fazê-lo de tal modo que, em uma atitude de dignidade e compromisso, seja sinal e instrumento da presença do Cristo no mistério das Sagradas Escrituras, veículo que propicia o encontro entre Deus que fala e a Igreja que o escuta, pois "as palavras divinas crescem com quem as lê"[96].

- *Valorização do canto dos salmos*[97]: a canção, sem dúvida alguma, favorece o ressoar, aos ouvidos e ao coração, da leitura antes proclamada, trazendo às palavras dos salmos um sabor especial, favorecendo a compreensão de seu sentido espiritual e contribuindo para sua interiorização. De fato, como bem dis-

---

95. *Sacrosanctum Concilium*, nº 24.
96. São Gregório Magno, *Homiliae in Ezechielem* 1,7,8: *PL* 76,843 D.
97. "Depois da leitura, canta-se o salmo com a resposta do povo. Na repetição destes diversos elementos mantenha-se um ritmo que possa favorecer a participação e a devoção dos fiéis. Evite-se com todo o cuidado que os salmos sejam substituídos por canções populares" (*Carta Circular Paschalis Sollemnitatis*, nº 86).

se Bento XVI, "onde Deus entra em contato com o homem, a simples palavra não basta mais. São citados pontos da existência que, espontaneamente, se tornam cânticos"[98].

- *Valorização do sagrado silêncio*: silêncio interior e exterior concorrem para que a escuta e a meditação da Palavra de Deus possam suscitar a fé e não apenas enriquecer a inteligência:

> Para promover uma participação ativa, trate-se de incentivar as aclamações do povo, as respostas, as salmodias, as antífonas e os cânticos, bem como as ações e os gestos e o porte do corpo. A seu tempo, *seja também guardado o sagrado silêncio*[99].

Quando descobrimos a importância de fazer silêncio, abrimos na alma um espaço a ser preenchido pela palavra; o silêncio é, aqui, como uma reivindicação da própria palavra que quer se escutada e acolhida. De fato, Deus fala, e a ele a Igreja responde pela palavra dita e cantada, mas, também, recolhendo-se e fazendo silêncio que, como ensina o Papa Francisco, "não se reduz à ausência de palavras, mas consiste em predispor-se a ouvir outras vozes: a do nosso coração e, sobretudo, a voz do Espírito Santo"[100].

---

98. RATZINGER, Joseph, *Introdução ao Espírito da Liturgia*, São Paulo, Loyola, 2015, p. 115.
99. *Sacrosanctum Concilium*, nº 30.
100. PAPA FRANCISCO. *Audiência Geral*, 10 de janeiro de 2018. Disponível em: https://www.vatican.va/content/francesco/pt/audiences/2018/documents/papa-francesco_20180110_udienza-generale.html.

3
LITURGIA BATISMAL

Todo o mistério da água está presente na celebração da Páscoa, enquadrado nela, e ao mesmo tempo elevado a um nível superior, sem que a realidade inferior seja eliminada, pois a noite da Páscoa nos quer dizer que uma fonte ainda muito mais sublime do que todas que jamais houve na terra nasceu do lado aberto do Salvador[1].

Concluída a homilia, dá-se início à *Liturgia Batismal*, terceiro momento da Vigília Pascal, durante a qual a assembleia é convidada a mover sua atenção para o sinal da fonte batismal, o lugar do renascimento, "onde se faz nossa a Páscoa de Jesus no sinal da água e na profissão de fé trinitária"[2]. Em virtude de sua paradoxal possibilidade de representar vida e morte, princípio e fim, criação e destruição, a água é o elemento aqui posto em relevo pela Sagrada Liturgia, para que signifique e atualize o mistério pascal e sua ação salvífica.

Pode-se, neste momento, administrar ou não o sacramento do Batismo. Contudo, considerando que os sacramentos da Iniciação à Vida Cristã outra coisa não são senão uma primeira participação sacramental do cristão na morte e na ressureição de Cristo, as comunidades estejam sempre atentas a esta realidade: seguindo antiquíssima

---

1. RATZINGER, Joseph, *Dogma e Anúncio*, São Paulo, Loyola, 2007, p. 294.
2. BOROBIO, Dionisio (Org.), *A celebração na Igreja: Ritmos e tempos da celebração*, São Paulo, Loyola, 2000, v. 3, p. 116.

tradição, a Vigília Pascal deve ser tida como o momento próprio para iniciar os catecúmenos nos sacramentos, levando em conta que o tempo de sua purificação e iluminação acontece por meio da Quaresma, e da mistagogia, por meio da Páscoa[3].

A insistência sobre a Vigília Pascal como o ambiente normal para a iniciação cristã não é nostalgia eclesiástica, nem saudade doutrinal. É que simplesmente não há outro tempo do ano, e por certo nenhum outro contexto litúrgico, que sirva tão bem como ambiente rico para a iniciação sacramental e o seu significado. Não só os iniciados estão morrendo e ressuscitando em Cristo, enquanto a Igreja comemora a sua morte e passagem para a vida há muito tempo. [...] Somente a Vigília Pascal fornece uma eclesiologia digna do batismo. A constante separação do batismo do seu contexto pascal, de antigamente, enfraqueceu a teologia tanto da Igreja como da iniciação cristã — para detrimento do entendimento da Igreja de si mesma, do sentido dos fiéis cristãos de sua identidade individual, e do ministério de todo o Corpo neste mundo[4].

Caso o sacramento do Batismo seja administrado, o missal apresenta a habitual sequência ritual: a apresentação dos catecúmenos, o canto da ladainha, a bênção da água batismal, a renúncia ao Demônio, a profissão de fé e o banho batismal[5]. Caso não haja Batismo, o sacerdote benze a água para com ela aspergir o povo, após a renovação

---

3. Cf. *Ritual da Iniciação Cristã de Adultos. Introdução ao Rito da Iniciação Cristã de Adultos*, nº 8, 49 e 55.
4. KAVANAGH, Aidan, *Batismo — Rito da Iniciação Cristã: tradição, reformas, perspectivas*, São Paulo, Paulinas, 1987, p. 122.
5. Até a atual reforma litúrgica, na Vigília Pascal, a chamada liturgia Batismal era celebrada entre a proclamação das leituras do Antigo Testamento e a proclamação das leituras do Novo Testamento, para significar que a graça batismal, recebida e renovada, realiza em nós a passagem do velho

das promessas batismais, rito introduzido na celebração da Vigília Pascal pelo papa Pio XII, em 1951. Porém, "mesmo que não haja a cerimônia do Batismo, nas igrejas paroquiais deve-se fazer a bênção da água batismal"[6].

3.1 A água nas culturas e na Bíblia

A água é, sem dúvida alguma, um elemento imprescindível à manutenção da vida humana e da própria natureza: por meio dela, a sede é saciada e o corpo é higienizado, bem como é eliminada a sujeira. A terra, uma vez irrigada, torna-se verdadeiramente apta a fazer germinar a semente. Não é sem razão que a água própria para o consumo — cuja escassez é uma realidade cada vez mais concreta — esteja se convertendo em um dos bens mais cobiçados pelo homem contemporâneo. Tão grande é o poder desse elemento natural que cerca de três quartos da superfície do planeta estão por ele cobertos.

Ingressando na reflexão acerca das significações da água enquanto realidade simbólica, podemos encontrar, nas diversas tradições culturais, três temas comuns que se relacionam a partir do papel primordial que ela exerce: água como fonte e origem da vida, como meio de purificação e como centro de regeneração corporal e espiritual.

> A água simboliza os atrativos da terra. Quem algum dia sofreu sede o sabe. Quem algum dia, por muitas horas, suportou a força ardente do sol, descobrindo então de repente uma fonte fresca, cristalina, sabe que de fato não há nada mais delicioso do que essa água límpida, clara. Assim, a água desperta a lembrança do paraíso e da fertilidade. [...] As manchas e o peso

---

ao novo (cf. ALDAZÁBAL, José, *El Tríduo Pascual*, Barcelona, Centre de Pastoral Litúrgica, 1998 [Biblioteca Litúrgica v. 8], p. 162).

6. *Carta Circular Paschalis Sollemnitatis*, nº 88.

do dia caem quando nos lavamos, caem no banho, do qual o homem sai como renascido. Os grandes países antigos da terra à margem de rios — Egito e Assíria-Babilônia —, a partir de tais experiências, criaram algo semelhante a uma mística do rio. O rio para eles é o poderoso doador da vida que segue o seu caminho, como poder invencível, e tem a força de transformar o deserto em terra florida[7].

As tradições judaica e cristã se valeram deste elemento vital para expressar, à luz de sua polivalência e, ao mesmo tempo, ambivalência, o próprio mistério da salvação que, já na Criação, tem seu início: "No princípio, Deus criou o céu e a terra. A terra era sem forma e vazia, e sobre o abismo havia trevas, e o espírito de Deus pairava sobre as águas"[8].

Para o homem bíblico, a água — particularmente contemplada no orvalho, nas chuvas e nos rios que fecundam o solo da Palestina — é o meio de fertilização de origem divina, que traz consigo a fecundidade e torna manifesta a própria bondade do Criador. Sem água, o povo peregrino pelo deserto rapidamente encontraria a morte, sacrificado pelo sol intenso[9]; a água fresca oferecida ao visitante, para que lave os pés e tenha seu repouso assegurado, é sinal de benfazeja hospitalidade[10].

As Sagradas Escrituras descrevem a manifestação de Deus como chuva que encharca a terra, e ele mesmo é comparado ao orvalho que faz florescer o lírio[11]; o homem justo, por sua vez, é semelhante à

---
7. RATZINGER, Joseph, *Dogma e Anúncio*, São Paulo, Loyola, 2007, pp. 293-294.
8. Gn 1,1-2.
9. Cf. Ex 17,1-7.
10. Cf. Lc 7,44; Jo 13,5.
11. Cf. Dt, 32,2; Os 6,3; 14,6.

árvore sempre vicejante plantada junto às águas correntes[12]. A literatura sapiencial aprofunda a imagem da sede material para descrever o anseio da alma humana por Deus, que, em sua sequidão espiritual, por ele suspira tal como a corça pela água fresca[13]. No coração do homem sábio reside a água, de modo que suas palavras têm a força de um manancial que jorra[14].

Jeremias denuncia a infidelidade de Israel por meio da metáfora do abandono da fonte de água viva: desprezando o Senhor, cavando para si cisternas fendidas que não podem conservar a água, Israel converte o país em verdadeiro deserto[15]. O próprio efeito da palavra que Deus dirige à humanidade é comparável à ação da chuva e da neve que regam e fecundam a terra[16]. Podemos dizer, por fim, que, como linguagem simbólica, a água está sobremaneira presente nas tradições religiosas de Israel, conforme estabelecem as próprias prescrições rituais encontradas no livro do Levítico[17]. Na verdade, "todo o Antigo Testamento celebra a magnificência da água"[18].

No mistério de Cristo, o simbolismo espiritual da água se eleva a uma realidade impressionante, à luz da insistência de São João em descrever, mediante esta realidade simbólica, o próprio mistério da salvação que nos é comunicado. À beira do poço, em diálogo com a samaritana, Jesus se revela como aquele que, mediante seu divino ensinamento, pode oferecer a água que realmente sacia nossa sede porque, em nosso interior, se converterá em manancial sempre vivo:

---

12. Cf. Sl 1,3.
13. Cf. Sl 42,2.
14. Cf. Pr 18,4; 20,5.
15. Cf. Jr 2,13.
16. Cf. Is 55,10-11.
17. Cf. Lv 11-16.
18. CHEVALIER, Jean; GHEERBRANT, Alain, *Dicionário de Símbolos*. Rio de Janeiro, José Olympio, 1994, p. 17.

"Aquele que beber da água que eu darei nunca mais terá sede, mas a água que eu darei se tornará nele uma fonte de água que jorra para a vida eterna"[19]. A água que ele nos oferece, na verdade, sacia nosso desejo de alcançar a vida verdadeiramente autêntica que ultrapassa a mera biologia.

Em Cristo reencontramos a fonte de água viva outrora abandonada[20] e a promessa da comunicação do dom do Espírito que começa a se cumprir na cruz: "Se alguém tem sede, venha a mim, e beba quem crê em mim. Conforme diz a Escritura: do seu interior fluirão rios de água viva"[21]. Como do rochedo ferido pela vara de Moisés[22], do lado aberto de Cristo adormecido no lenho da Cruz flui a água viva que os antigos padres enxergaram como profecia do mistério do Batismo: "[...] mas um dos soldados abriu-lhe o lado com uma lança e, imediatamente, saiu sangue e água"[23].

De fato, como afirma José Aldazábal, "o que realiza em nós a renovação, a purificação e a regeneração é o Espírito de Cristo Jesus. A água é o símbolo, o sinal eficaz desse mistério de graça e de vida que Deus nos comunica no Batismo"[24].

> Misteriosa é a água. Clara, simples, desinteressada. Disposta a purificar o que está manchado, a confortar o sedento. E ao mesmo tempo imperscrutável, inquieta, cheia de enigmas e de violência. Verdadeira imagem dessa fecunda origem da qual brota a vida, imagem da própria vida, que parece tão clara e é tão cheia de mistério. Compreendemos sem dificuldade por

---

19. Jo 4,14.
20. Cf. Is 2,13.
21. Jo 7,37-38.
22. Cf. Ex 17,1-7.
23. Jo 19,34.
24. ALDAZÁBAL, José, *Gestos e símbolos*, São Paulo, Paulinas, 2005, p. 157.

que a Igreja fez da água imagem e portadora da vida divina, da graça[25].

3.2 Batismo: a prática litúrgica antiga e o resgate da inspiração catecumenal[26]

Já no século II, à luz dos testemunhos patrísticos, podemos encontrar a prática litúrgica de administrar aos catecúmenos os três sacramentos da Iniciação Cristã na celebração da Vigília Pascal. Tertuliano explica que o dia mais oportuno para a celebração do Batismo é, precisamente, o dia de Páscoa, pela recordação do mistério da paixão e da ressurreição do Senhor, acrescentando, também, o período que se segue até Pentecostes como tempo favorável[27]. O papa São Sirício, no ano 385, em carta dirigida a Himério, bispo de Tarragona, fala a respeito da noite pascal e, também, de Pentecostes como ocasiões propícias para a administração do sacramento batismal[28]. E é exatamente porque o batismo realiza em nós uma ressurreição espiritual a partir da imersão na morte de Cristo, à luz da teologia paulina, que a Igreja escolheu a noite pascal para administrar a seus filhos o sacramento que neles inaugura a vida cristã e abre a porta para os demais sacramentos.

---

25. GUARDINI, Romano, *Os sinais sagrados*, São Paulo, Quadrante, 1995, pp. 28-29.

26. Sobre o tema, cf. BOROBIO, Dionisio (Org.), *A celebração na Igreja: Sacramentos*, São Paulo, Loyola, 2008, v. 2, pp. 41-59. DANIÉLOU, Jean, *Bíblia e Liturgia: a teologia bíblica dos sacramentos e das festas nos padres da Igreja*, São Paulo, Paulinas, 2013, pp. 46-134; HAMMAN, Adalbert G., *El bautismo y la confirmación*, Barcelona, Herder, 1982, pp. 71-151.

27. Cf. TERTULIANO, *De Baptismo*, 19: *PL* 1,1222.

28. Cf. SÃO SIRÍCIO, *Epistula* 1, 2: *PL* 13,1134-1135.

O santo batismo é o fundamento de toda a vida cristã, a porta da vida no Espírito [...] e a porta que abre o acesso aos demais sacramentos. Pelo batismo somos libertados do pecado e regenerados como filhos de Deus, tornamo-nos membros de Cristo, somos incorporados à Igreja e feitos participantes de sua missão[29].

Nos escritos dos Santos Padres, sobretudo de suas catequeses mistagógicas, podemos ter acesso a preciosas informações acerca dessa importante prática litúrgica da Igreja antiga, que é fonte admirável de inspiração para o atual processo de Iniciação à Vida Cristã, a fim de que as pessoas sejam realmente introduzidas no mistério de Cristo e dele vivam[30]. Com a publicação do *Ritual de Iniciação Cristã de Adultos*, em 1972, tornou-se concreto o esforço teológico e pastoral para resgatar o espírito do catecumenato primitivo, com seus processos, ritos e seu apogeu na Vigília da Páscoa, a fim de que a experiência pascal vivida sacramentalmente produza um comportamento igualmente pascal na vida cotidiana dos batizados de todas as idades.

O Concílio Vaticano II impulsionou uma revisão teológica e pastoral da Iniciação à Vida Cristã. Seu processo precisa levar em conta as necessidades de um novo tempo. Por isso, é preciso garantir o resgate adaptado do catecumenato. A ênfase deve ser colocada mais no "espírito catecumenal" do que em um esquema formal. Tal resgate do espírito catecumenal implica o compromisso de reatar a parceria e a união entre liturgia e catequese, que, ao longo dos séculos, ficaram comprometidas.

---

29. *Catecismo da Igreja Católica*, nº 1213.
30. Já em sua *Tradição Apostólica*, datada de meados do século III, Santo Hipólito apresenta as primícias históricas de um ritual praticamente completo da Iniciação Cristã.

É preciso redescobrir a liturgia como lugar privilegiado de encontro com Jesus Cristo[31].

Como sabemos, a administração do batismo era realizada na Vigília Pascal. Contudo, as celebrações preparatórias mais imediatas começavam já no primeiro domingo da Quaresma. Tal período preparatório se iniciava com o rito da *inscrição*, mediante o qual o catecúmeno era examinado pelo bispo acerca de suas boas disposições e oficialmente inscrito como candidato. Testemunham-no diversos padres da Igreja que, em sua meditação, ultrapassam o sentido meramente literal do rito e fazem vir à luz seu sentido espiritual: a declaração do catecúmeno de seu desejo de pertencer a Deus, ameaçado pelas tentações e pelas armadilhas do inimigo.

É um tema caro à reflexão patrística a interpretação do sacramento batismal como conflito entre Satanás e o catecúmeno, o qual deve, por sua vez, concentrar-se numa atitude permanente de abandono do jugo opressor do pecado e entrega à graça de Deus. Assim agindo, o catecúmeno se associa a Cristo, que, no deserto, fora tentado pelo inimigo[32], opondo-se, com ele, ao primeiro Adão[33]. A inscrição visível do seu nome nos registros da Igreja deve ser compreendida como figura de sua inscrição na Igreja do Céu, conforme interpreta São Gregório de Nissa: "Dai-me vossos nomes para que eu os escreva com tinta. O Senhor os gravará em tábuas incorruptíveis, escrevendo-os com seu próprio dedo, como fez com a Lei dos hebreus"[34].

---

31. CNBB. *Iniciação à vida cristã: itinerário para formar discípulos missionários* (Documento 107), nº 74.

32. Cf. Mt 4,1-11.

33. Fazendo ecoar esta tradição, ainda hoje se lê, no primeiro domingo da Quaresma, o texto evangélico da Tentação do Senhor.

34. São Gregório de Nissa, *De Baptismo*: *PG* 46,418.

Passada a *inscrição*, ao longo dos quarenta dias quaresmais, os catecúmenos viviam um tempo de retiro, como momento especialmente consagrado à preparação para o batismo, tendo em vista a purificação interior e o fortalecimento da fé contra as investidas do mal. Ao início desse tempo, durante o qual deviam diariamente tomar parte na celebração litúrgica, havia o rito dos *exorcismos*, como meio de libertação progressiva do poder do mal. São Cirilo de Jerusalém interpreta a necessidade dos exorcismos como expressão da luta contra Satanás e da conversão à graça de Deus, fato que os tornam "altamente expressivos do mistério pascal de Cristo e da participação do homem nele"[35].

> Recebe com zelo os exorcismos [...]. É coisa salutar para ti. Pensa que tu és ouro adulterado ou falsificado. Nós procuramos o ouro puro. Sem o fogo, o ouro não pode ser purificado de suas impurezas. Da mesma forma, a alma não pode ser purificada sem os exorcismos, que são as palavras divinas, escolhidas nas Sagradas Escrituras[36].

Aos exorcismos seguia a *catequese*, basicamente constituída pela explicação literal e espiritual de textos das Sagradas Escrituras, cuja finalidade era colocar, no coração do catecúmeno, os fundamentos da fé. A propósito de seu significado, escreve, novamente, São Cirilo: "A catequese é um edifício. Se nós descuidamos de cavar bem as fundações, se nós deixamos buracos e permitimos que a construção seja frágil, para que servirá todo trabalho ulterior?"[37]. As catequeses eram concluídas no domingo anterior ao da Páscoa, com o rito da *recitação*

---

35. BOROBIO, Dionisio (Org.), *A celebração na Igreja: Sacramentos*, São Paulo, Loyola, 2008, v. 2, p. 38.
36. SÃO CIRILO DE JERUSALÉM, *Procatechesis*, 9: *PG* 33,349.
37. SÃO CIRILO DE JERUSALÉM, *Procatechesis*, 11: *PG* 33,352.

do Credo, dito perante a assembleia, para manifestar publicamente o compromisso de aplicar à vida o mistério da fé proclamado.

A renúncia a Satanás e a adesão a Cristo, com efeito, realizadas no decurso da noite do sábado para o domingo de Páscoa, constituíam-se como o rito conclusivo da preparação para o batismo. Tal rito, podemos dizer, estava em estreita conexão com a renúncia à idolatria própria do paganismo: "Agora entrastes no vestíbulo do batistério e, estando em pé e voltados para o Ocidente, recebestes a ordem de estender a mão. Renunciastes então a Satanás como se ele estivesse presente, dizendo: eu renuncio a ti, Satanás, a todas as tuas pompas e ao teu culto"[38].

São Cirilo, no trecho exposto, faz referência a três gestos concernentes ao rito da renúncia, que, em virtude de suas potencialidades simbólicas, devem ser particularmente considerados: o *voltar-se ao Ocidente*, a *mão estendida* e o *abandono da pompa diaboli*.

O *voltar-se ao Ocidente* é um gesto cujo significado remonta ao mundo pagão, uma vez que os antigos gregos situavam no Ocidente, onde se põe o sol, as portas do Hades, a mansão dos mortos. Os padres da Igreja, com base em tal simbologia, interpretaram-no como o *lugar das trevas*, das quais Satanás é o senhor, e as quais o catecúmeno, unido a Cristo, devia vencer. A *mão estendida*, por sua vez, era o gesto que, na antiguidade, acompanhava o estabelecimento de um compromisso solene, contraído mediante juramento. A *pompa diaboli*, por fim, a qual era preciso abandonar em vista do batismo, é identificada com as práticas idolátricas e supersticiosas, bem como com os divertimentos imorais e violentos de origem pagã: a paixão do teatro, as corridas de cavalos, os jogos circenses, as honras tributadas aos ídolos com lâmpadas, o incenso, a adivinhação, os amuletos e toda prática de magia.

---

38. São Cirilo de Jerusalém, *Catechesis Mystagogica* 1, 2: *PG* 33,1067.

Como antítese da renúncia a Satanás e suas pompas pronunciada ante o Ocidente estava a profissão de fé, com a inteira adesão a Cristo, pronunciada ante o Oriente: "Entraste, pois, para divisares teu adversário, a quem deverás resistir na face. Por isso te voltas para o Oriente, pois quem renuncia ao diabo volta-se para Cristo, fitando-o diretamente no rosto"[39], escreve Santo Ambrósio.

Profundamente simbólico é, pois, este gesto de *orar voltado para o Oriente* (*ad orientem*), o lugar do sol nascente, colocado por São Basílio no rol das tradições litúrgicas mais antigas da Igreja[40], pois o *Oriente*, na verdade, é imagem do próprio Cristo Senhor, o sol sem ocaso da nova criação[41]. Voltado para o *Oriente*, o catecúmeno pronunciava a fórmula de seu compromisso com o Senhor, estabelecendo com ele a aliança que o movia a uma conversão sincera e total, condição indispensável à recepção do sacramento batismal[42]. Bento XVI, em uma homilia proferida na noite santa da Páscoa, explicou o sentido e a atualidade desse rito:

> Na Igreja antiga estes "não" (da renúncia) eram resumidos numa palavra que para os homens daquele tempo era muito compreensível: renuncia-se, assim se dizia, à "*pompa diaboli*", isto é, à promessa da vida na abundância, daquela aparência de vida que parecia vir do mundo pagão, das suas liberdades, do seu modo de viver apenas segundo o que agradava. Por con-

---

39. Santo Ambrósio, *De Mysteriis* 2, 7: *PL* 16,391.
40. Cf. São Basílio Magno, *De Spiritu Sancto*, 27: *PG* 32,186-195.
41. Cf. Lc 1,78-79. Podemos encontrar tal referência na antífona do Cântico Evangélico das Vésperas do dia 21 de dezembro: "*Ó sol nascente justiceiro, resplendor da Luz eterna: Oh, vinde e iluminai os que jazem entre as trevas e, na sombra do pecado e da morte, estão sentados*". À luz dessa interpretação simbólica, podemos compreender, também, o costume cristão antigo de construir as igrejas voltadas para o Oriente (a direção leste).
42. Cf. 1Pd 3,21.

seguinte, era um "não" a uma cultura aparentemente de abundância da vida, mas que na realidade era uma "anticultura" da morte. Era o "não" aos espetáculos onde a morte, a crueldade, a violência se tinham tornado divertimento. [...] A esta promessa de aparente felicidade, a esta "pompa" de uma vida aparente que na realidade é apenas instrumento de morte, a esta "anticultura" dizemos "não", para cultivar a cultura da vida. Por isso o "sim" cristão, dos tempos antigos até hoje, é um grande "sim" à vida. Este é o nosso "sim" a Cristo, o "sim" ao vencedor da morte e o "sim" à vida no tempo e na eternidade[43].

Podemos dizer que a preparação imediata para o batismo se dava mediante a cerimônia de ingresso dos catecúmenos no batistério, que, por sua vez, era acompanhada de dois outros ritos: o de despojamento das vestes e o da unção com óleo. O ingresso no batistério, com efeito, expressava o ingresso do candidato na própria Igreja, como imagem de seu retorno ao Paraíso, do qual teve de sair em virtude do pecado das origens: "Tu, ó catecúmeno, estás fora do Paraíso. [...] Agora, a porta se abre. Volta ao lugar de onde saíste"[44], proclama, solenemente, São Gregório de Nissa.

A arte cristã primitiva encontrada nos batistérios das antigas igrejas testemunha essa bela simbologia, seja na consoladora imagem do Cristo, o Bom Pastor, que lava nas águas o pecado de Adão, ou na imagem dos cervos, que, à luz da palavra encontrada no Salmo 42, saciam sua sede nas fontes: "Como a corça anseia pelas fontes das águas, assim anseia minha alma por ti, ó Deus"[45].

---

43. PAPA BENTO XVI, *Homilia na festa do Batismo do Senhor*, 8 de janeiro de 2006. Disponível em: https://www.vatican.va/content/benedict-xvi/pt/homilies/2006/documents/hf_ben-xvi_hom_20060108_battesimo.html.
44. SÃO GREGÓRIO DE NISSA, *De Baptismo*: PG 46,418.
45. Sl 42 (41),2.

É interessante o fato de, em alguns batistérios, os cervos serem representados com serpentes na boca, como para dizer que era somente depois de vencer a Serpente, isto é, o Diabo, que o catecúmeno podia se aproximar do santo batismo. A própria estrutura arquitetônica dos antigos batistérios, edificados com oito lados, comporta um profundo sentido espiritual, já que o número oito, no cristianismo primitivo, era símbolo do mistério da ressurreição do Senhor e da vida eterna, ele que saiu do túmulo na noite do domingo, que segue o sábado, o sétimo dia. Passando pelo batismo, o catecúmeno ingressava no *oitavo dia* inaugurado por Cristo ressuscitado, imagem da própria vida eterna, porque início da nova criação.

Uma vez introduzido no batistério, o catecúmeno despojava-se de suas vestes, como sinal de despojamento do homem velho e de suas obras: "Desnudo estava Adão ao princípio e não se envergonhava de si mesmo. Por isso, é preciso que te despojes da veste, que é a prova convincente da sentença que humilha o homem a sentir necessidade de se cobrir"[46], assevera São Teodoro de Mopsuéstia.

Em suas catequeses, os padres da Igreja interpretaram este sinal como alusão à nudez de Cristo em sua paixão[47], com o qual o catecúmeno devia se configurar, estabelecendo um admirável paralelo entre o Paraíso, onde Adão, vencido, foi revestido da corrupção, e o Calvário, onde Cristo, vencedor, a destruiu. Tal gesto foi, ainda, interpretado como superação da vergonha, fruto do pecado, e do retorno à inocência primitiva, à confiança filial e à verdadeira liberdade, perdidas após a queda.

Depois do despojamento das vestes, o catecúmeno era ungido com óleo, cuja ação medicinal estava destinada a curar a alma das feridas do pecado, bem como fortalecê-la na luta contra o mal:

---

46. São Teodoro de Mopsuéstia, *Homiliae Catecheticae* 14,8.
47. Cf. Jo 19,23-24.

Depois de despidos, fostes ungidos com óleo exorcizado desde o alto da cabeça até os pés. Como a insuflação dos santos e a invocação do nome de Deus, qual chama impetuosa, queimam e expelem os demônios, assim este óleo exorcizado recebe, pela invocação de Deus e pela prece, uma tal força que, queimando, não só apaga os vestígios dos pecados como, ainda, põe em fuga as forças invisíveis do maligno[48].

A prescrição litúrgica de se ungir, nesse momento, todo o corpo do catecúmeno estava ligada à antiga crença de que as águas eram a morada das forças do mal, vencidas por Cristo quando descido às águas do Jordão em seu batismo. Era, com efeito, precisamente para vencer a luta contra o antigo inimigo que os catecúmenos, no momento em que desciam à piscina batismal, eram inteiramente ungidos com óleo.

O rito do batismo, propriamente dito, era essencialmente constituído pela submersão e pela emersão do catecúmeno nas águas consagradas, acompanhadas pela invocação do nome das pessoas divinas, banho espiritual que lhe confere a graça da filiação divina, tornando-o nova criatura mediante um nascimento espiritual[49].

Afirma São Paulo que "pelo batismo fomos sepultados juntamente com Cristo na morte, para que, como ele foi ressuscitado dos mortos por meio da glória do Pai, assim também nós caminhemos em uma vida nova"[50]. O Batismo, com efeito, configurando-nos sacramentalmente ao mistério da morte e da ressurreição do Senhor, faz morrer em nós o homem velho a fim de que venha à luz o homem novo[51]. É justamente por isso que os antigos padres visualizaram

---

48. São Cirilo de Jerusalém, *Catechesis Mystagogica* 2, 3: *PG* 33,1079.
49. Cf. Ef 5,25; Tt 3,5.
50. Rm 6,4.
51. Cf. Ef 4,22-24.

uma particular conexão entre o sacramento batismal e a maternidade da Igreja: na fonte batismal, que é, ao mesmo tempo, sepulcro e útero materno, essa conexão gera novos filhos para incremento do povo santo de Deus, conforme bem disse São Cirilo: "Esta água salutar tanto foi vosso sepulcro como vossa mãe. Um só tempo produziu ambos os efeitos e o vosso nascimento ocorre com vossa morte"[52].

> Como nos conformaremos com Cristo na morte? Por nosso sepultamento com ele pelo batismo. Mas como ser sepultado? Qual o proveito de tal imitação? Em primeiro lugar, faz-se mister romper com a vida anterior. Isso, porém, é impossível se não nascermos do alto, segundo a palavra do Senhor (Jo 3,3), porque a regeneração, conforme indica a palavra, é o começo de segunda vida. Mas, no intuito de começar esta segunda vida, será necessário pôr termo à vida anterior. [...] A água, com efeito, apresenta a imagem da morte, pois acolhe o corpo, à guisa de uma sepultura, enquanto o Espírito infunde a força vivificadora, renovando nossas almas, que retira da morte no pecado e transfere para a vida dos primórdios. É isso o que se chama nascer do alto, na água e no Espírito. A morte se realiza na água, mas o Espírito nos transmite a vida[53].

O rito de imposição da túnica branca, feito após o Batismo propriamente dito, tornava simbolicamente visível o abandono do homem velho e o nascimento do homem novo, fruto da própria graça batismal: "Vós todos sois filhos de Deus pela fé em Cristo Jesus, pois todos vós, que fostes batizados em Cristo, vos vestistes de Cristo"[54], afirma São Paulo.

---

52. São Cirilo de Jerusalém, *Catechesis Mystagogica* 2,4: *PG* 33,1079.
53. São Basílio Magno, *De Spiritu Sancto* 15, 35: *PG* 32,127-130.
54. Gl 3,27.

Os padres, nessa vestimenta alva, contemplaram uma imagem da pureza e da incorruptibilidade que o homem recupera ao passar pelo batismo, símbolo de seu retorno ao paraíso: "Recebeste em seguida vestes brancas, como sinal de que havias despido o invólucro dos pecados, para te revestires dos trajes puros da inocência"[55], disse Santo Ambrósio. O sinal da túnica branca comporta, ainda, um sentido escatológico, ligado à realidade da vitória dos mártires e da própria ressurreição final da carne[56].

As celebrações batismais compreendiam, por fim, o rito da *sphragis*[57], isto é, da imposição do sinal da cruz sobre a fronte do neófito, particularmente importante por remontar, segundo São Basílio, aos tempos apostólicos[58].

Na antiguidade, o termo *sphragis* denominava tanto os objetos usados para produzir uma marca como os selos que, sobre a cera, imprimiam um sinal. Ademais, também designava a marca com a qual um proprietário assinalava o que lhe pertencia, seja o pastor em relação a seu rebanho ou, ainda, o general em relação aos recrutas no momento de seu alistamento. Os padres, em suas catequeses, inseriram estas aplicações práticas do termo no interior da realidade sacramental, a fim de indicar a pertença do batizado ao rebanho e ao exército de Cristo. A *sphragis* indelével assinalava, desse modo, a aliança inquebrável e indissolúvel estabelecida no batismo entre Deus e o neófito, por intermédio do Espírito Santo, inquebrável até mesmo em face da infidelidade.

Já São Paulo evocara a realidade da *sphragis*, colocando-a em relação direta com o Antigo Testamento, o tempo da promessa[59]. A

---

55. Santo Ambrósio, *De Mysteriis* 7, 34: *PL* 16,399.
56. Cf. Ap 3,5.
57. Em grego, σφραγίς.
58. Cf. São Basílio Magno, *De Spiritu Sancto*, 27: *PG* 32,186-195.
59. Cf. Rm 4,11; Ef 1,13; Cl 2,11-12.

sphragis batismal, com efeito, interpretada à luz do rito judaico da circuncisão, como selo da Nova Aliança, é a realidade que assinala a incorporação do batizado à Igreja, o novo Israel, sinal de uma pertença espiritual e inviolável do homem a Cristo, tal como a circuncisão era marca da aliança com Deus e da incorporação ao antigo Israel. A graça do Espírito Santo, impressa no cristão, é a garantia de seu caráter indelével: "Após a fé nós recebemos, como Abraão, a *sphragis* espiritual, tendo sido circuncidados no batismo pelo Espírito Santo"[60].

> Portanto, Deus te ungiu, Cristo te marcou com o selo. Como? Foste marcado com o sinal da cruz de Cristo, com o sinal de sua paixão. Recebeste o sinal para te assemelhares a ele, para ressuscitares à sua imagem, para que vivas a exemplo daquele que foi crucificado ao pecado e vive para Deus. E o velho homem que eras, mergulhado na fonte, foi crucificado ao pecado, mas ressuscitou para Deus[61].

3.3 A oração de bênção da água batismal

Conforme fora dito, o Missal Romano atual permite, no momento da liturgia batismal, a administração do sacramento ou a sua recordação mediante a aspersão da água e a renovação das promessas batismais. Contemplando ambas as possibilidades, o Missal propõe duas fórmulas para bênção da água. Ora, tendo em vista que o texto da oração de bênção da água batismal manifesta, de um modo muito particular, o sentido do mistério pascal de Cristo que a Igreja celebra e proclama na noite santa, é importante tecer sobre ele algumas considerações.

O costume de abençoar a água utilizada para batizar remonta aos primeiros tempos da Igreja, e já foi atestado, entre outros, por Tertu-

---

60. São Cirilo de Jerusalém, *Catechesis* 5,6: *PG* 33,513.
61. Santo Ambrósio, *De Sacramentis*, 6,7.

liano⁶², Santo Hipólito⁶³ e São Basílio⁶⁴ e encontrado nas diversas tradições litúrgicas. Pelo menos desde o Missal Romano de 1570, tinha lugar somente nas Vigílias da Páscoa e de Pentecostes. Foi a Constituição *Sacrosanctum Concilium*, do Concílio Vaticano II, que abriu a possibilidade de se realizar a bênção da água na própria celebração do sacramento, exceto durante o tempo pascal, para assinalar a particular unidade dos cinquenta dias pascais: "Fora do tempo pascal pode-se benzer a água batismal dentro do próprio ato do batismo usando-se fórmula aprovada e mais breve"⁶⁵.

A oração para bênção da água batismal presente no rito atual é, essencialmente, a mesma encontrada nos Sacramentários Gelasianos, muito embora levemente modificada no texto e nos ritos que a acompanhavam⁶⁶. As preces, por exemplo, cuja intenção era exorcizar a água, foram supressas, bem como trechos concernentes à maternidade da Igreja e à nova infância. Em contrapartida, foi acrescentada a importante referência à passagem do povo através do mar aberto e as citações dos eventos do Novo Testamento foram mais bem elaboradas, bem como a conclusão. Foram igualmente abolidos os gestos simbólicos que acompanhavam a oração de bênção, bem como facultou-se à livre escolha do presidente da celebração o gesto de introduzir na água o círio pascal⁶⁷. A importância da oração da bên-

---

62. Cf. TERTULIANO, *De Baptismo*, 9: *PL* 1,1203-1204.
63. Cf. SANTO HIPÓLITO DE ROMA, *De Apostolica Traditione*, 44.
64. Cf. SÃO BASÍLIO MAGNO, *De Spiritu Sancto*, 27: *PG* 32,186-195.
65. *Sacrosanctum Concilium*, nº 70.
66. Cf. EISENHOFER, Ludwig, *Compendio de Liturgia Católica*, Barcelona, Herder, 1956, p. 142.
67. A retirada de tais gestos simbólicos que, pelo menos desde o século IX, acompanhavam a oração de bênção da água batismal pode ser considerada como "drástica simplificação sobre um conjunto ritual que havia recebido sucessivas ampliações através da etapa medieval" (BOROBIO, Dionisio

ção da água é admiravelmente exposta por Santo Ambrósio: "Tu viste a água. Ora, nem toda água cura. Tem poder de curar a que possuir a graça de Cristo. [...] A água não cura, a não ser que o Espírito Santo tenha descido e santificado aquela água"[68].

Eis o texto:

> *"Ó Deus, pelos sinais visíveis dos sacramentos, realizais maravilhas invisíveis. Ao longo da história da salvação, vós vos servistes da água para fazer-nos conhecer a graça do batismo."*

A partir da definição clássica de sacramento — *sinal eficaz da graça, instituído por Cristo e confiado à Igreja, pelo qual nos é dispensada a vida divina*[69] — descortina-se o tema da água como instrumento escolhido por Deus para significar a graça batismal que, no âmbito sacramental, atualiza o mistério pascal em nossa vida. Ao longo da história da salvação, valendo-se da água como elemento significativo, Deus realizou admiráveis maravilhas em favor de seu povo — a *criação*, o *dilúvio* e a *passagem através do Mar aberto* —

[Org.], *A celebração na Igreja: Sacramentos*, São Paulo, Loyola, 2008, p. 68). É particularmente interessante a interpretação de cada um desses gestos exposta por Eisenhofer (cf. *Compendio de Liturgia Católica*, Barcelona, Herder, 1956, p. 142): *o derramar um punhado d'água na direção dos quatros pontos cardeais* significava que a graça do batismo faz a terra inteira frutificar para a vida espiritual; *o tríplice sopro sobre a água*, com a imersão do círio, evocava a própria ação epiclética do Espírito Santo; *o sopro tríplice sobre a água, em forma de cruz grega*, trazia à luz a virtude purificadora da ação do Espírito Santo; *a infusão dos santos óleos na água*, por fim, evocava a união de Cristo (óleos) com a Igreja (água).

68. Santo Ambrósio, *De Sacramentis*, 1,15.
69. Cf. *Catecismo da Igreja Católica*, nº 1131.

cujo significado tipológico foi objeto da mais profunda reflexão dos antigos padres.

> "*Já na origem do mundo, vosso espírito pairava sobre as águas para que elas concebessem a força de santificar.*"

Relacionam-se, aqui, as noções da água como fonte de vida e como realidade dotada por Deus de uma força santificadora para, assim, poder exprimir e realizar seu desígnio salvífico. Descendo ao elemento primordial em que apareceu a vida, as águas primitivas[70], divinamente fecundados e santificados pelo Espírito Santo, passamos por um novo nascimento, retornando ao que fomos no princípio e tornando-nos aptos a ingressar no reino de Deus[71], com base na compreensão do batismo como *porta da vida espiritual*[72]. O que acontece na vida do batizado é, de fato, uma nova criação a partir de uma verdadeira regeneração.

> A indivisível e inefável Trindade, revendo desde a eternidade a caída da natureza humana, ao mesmo tempo em que fazia brotar do nada a substância da água, preparava aos homens a cura que lhes concederia nas águas. Por isso, o Espírito Santo, ao ser levado sobre as águas, aparece santificando-as desde esse momento e comunicando-lhes a fecundidade[73].

> "*Nas próprias águas do dilúvio prefigurastes o nascimento da nova humanidade, de modo que a mesma água sepultasse os vícios e fizesse nascer a santidade.*"

---

70. Cf. Gn 1,20.
71. Cf. Jo 3,5.
72. *Vitae spiritualis ianua*.
73. Dídimo de Alexandria, *De Trinitate*, 2, 14: *PG* 39, 692.

Podemos dizer que o dilúvio[74] é uma das figuras do batismo mais exploradas pela tradição patrística, porque tal paralelismo já aparece na própria Sagrada Escritura, quando o sacramento é contemplado como *antítipo* do dilúvio, isto é, a realidade em oposição à sua figura[75]:

> No Espírito, ele foi também pregar aos espíritos na prisão, aos que haviam sido desobedientes outrora, quando Deus usava de paciência, como nos dias em que Noé construía a arca. Nessa arca, umas poucas pessoas, oito, foram salvas, por meio da água. A água prefigura o batismo, que agora salva também a vós [...][76].

O dilúvio, com efeito, é *figura* daquilo que se realiza em nossa existência ao sermos batizados: assim como a humanidade corrompida pelo pecado, nos tempos de Noé, foi eliminada por meio da água, salvando-se somente alguns para serem as primícias de uma nova humanidade, no batismo, por meio do sacramento da água, é aniquilado o homem velho para poder nascer o homem novo e íntegro. O texto da Escritura, na menção à descida do Senhor à mansão dos mortos, evoca o mistério de Cristo, que assumiu e, em sua morte, destruiu a humanidade antiga, tornando-se, assim, o primogênito da nova criação.

São Justino, com efeito, interpreta estas linhas da primeira epístola de São Pedro com base na ideia de que existe uma relação espiritual entre o dilúvio, a descida de Jesus à mansão dos mortos e o batismo, posto que, nas três realidades, há um mundo pecador que deve ser aniquilado e um justo que se salva: no dilúvio, o justo é Noé,

---

74. Cf. Gn 6,5-9.17.
75. Em grego, ἀντίτυπος (*antitypos*).
76. 1Pd 3,19-21.

na descida aos infernos, é Cristo, e no batismo, somos nós, enquanto sacramentalmente configurados a nosso Salvador:

> [...] No dilúvio realizou-se o mistério daqueles que se salvam. De fato, o justo Noé, com os outros homens do dilúvio, isto é, sua mulher, seus três filhos e as mulheres de seus filhos, ao todo oito, representa o dia que por ser número é oitavo, no qual apareceu o nosso Cristo, ressuscitado dos mortos [...]. Dessa forma, Cristo, sendo primogênito de toda a criação, também se tornou princípio de uma nova descendência, regenerada por ele com a água, a fé e o madeiro que continha o mistério da cruz, de modo que também Noé se salvou com os seus, carregado sobre as águas pelo madeiro da arca[77].

No sinal da pomba, que, trazendo a Noé um ramo novo de oliveira, comunicou-lhe que as águas tinham escoado da superfície da terra[78], os antigos padres enxergaram uma imagem do Espírito Santo que, sob essa forma, desceu sobre Jesus no momento em que fora batizado[79]: "No primeiro dilúvio, uma pomba, trazendo no bico um ramo de oliveira, anunciava o odor de suavidade do Cristo; agora, o Espírito Santo, vindo em forma de pomba, mostra-nos o Senhor cheio de misericórdia"[80].

Tal interpretação nos permite contemplar o dilúvio também como *figura* do batismo de Cristo, o novo Noé, que reconciliou o homem com Deus na oferta do holocausto de si mesmo sobre a cruz, conforme afirmou São Cirilo: "[...] o Espírito Santo desceu sobre o verdadeiro Noé, o autor da nova criação, quando a pomba espiritual

---

77. São Justino, *Dialogus cum Tryphone*, 138,1-2: *PG* 6,794.
78. Cf. Gn 8,11.
79. Cf. Lc 3,22.
80. São Proclo de Constantinopla, *Oratio 7 in sancta Teophania*, 3: *PG* 115,759.

desceu sobre ele no batismo para mostrar que ele é aquele que, pelo lenho da cruz, confere a salvação aos crentes [...]"[81].

A arca, já nos escritos patrísticos mais antigos, é contemplada como *figura* da santa Igreja:

> Como a arca protegia [...] aos que estavam dentro dela, assim a Igreja salva aos extraviados. Mas a arca se limitava a protegê-los; a Igreja faz mais. Por exemplo, a arca recebia animais irracionais e os conservava irracionais; a Igreja recebe homens sem *logos* e não se limita a conservá-los, mas os transforma[82].

O batismo, portanto, à luz dessa leitura tipológica, é o meio pelo qual Cristo, o Noé da nova e definitiva aliança, nos introduz no *dilúvio* purificatório de seu mistério pascal, a fim de que, na Igreja, vivamos a vida nova dos filhos de Deus.

"Concedestes aos filhos de Abraão atravessar o Mar Vermelho a pé enxuto, para que, livres da escravidão, prefigurassem o povo, nascido na água pelo batismo."

Ao lado do dilúvio, o evento da passagem, a pé enxuto, do povo hebreu através do mar aberto foi sobremaneira explorado pela tradição patrística, posto que, em ambos os casos, o tema fundamental é análogo: a salvação do povo de Deus da destruição engendrada pelas águas. Todavia, aqui, o contexto do acontecimento é o Êxodo[83], tradicionalmente lido como *figura* da obra da nossa redenção que Cristo levou à plenitude no mistério da sua Páscoa. Tal relação, com efeito, é posta à luz pela própria Sagrada Escritura, pelos padres e pela própria tradição litúrgica da Igreja.

---

81. São Cirilo de Jerusalém, *Catechesis* 17,10: *PG* 33,982.
82. São João Crisóstomo, *De Lazaro Concio* 6,7: *PG* 48,1037-1038.
83. Cf. Ex 13,17-15,21.

À luz da reflexão do apóstolo São Paulo[84], a tradição patrística foi aprofundando a relação figurativa entre o povo hebreu libertado da escravidão no Egito e o catecúmeno na noite de Páscoa, quando, passando pelas águas batismais, é definitivamente libertado por Cristo, o novo Moisés, da escravidão do pecado, a qual o Faraó representa:

> Quando o povo, deixando livremente o Egito, escapou ao poder do rei do Egito passando através da água, esta exterminou o rei e todo o seu exército. O que mais poderia ser uma figura tão clara do batismo? As nações do mundo são libertadas, e isso pela água, e elas abandonam o diabo que as tiranizava anteriormente, que foi destruído pela água[85].

O batismo, com efeito, gera e agrega novos membros ao novo povo de Deus, a Igreja, na qual ele realiza a salvação de todas as nações a partir da cruz de Cristo, que fez ruir o muro da separação[86]. O povo cristão é, desse modo, continuidade e superação do povo libertado da escravidão do Egito, já que, superada a pertença ao povo eleito pelos laços de sangue, Deus concede a todos os seres humanos a possibilidade de que se tornem, pela fé, verdadeiros *filhos de Abraão*, isto é, de que tomem parte em suas promessas.

"*Vosso Filho, ao ser batizado nas águas do Jordão,*
foi ungido pelo Espírito Santo. Pendente da cruz, de seu
coração aberto pela lança, fez correr sangue e água.
Após sua ressurreição, ordenou aos apóstolos: 'Ide, fazei meus
discípulos todos os povos, e batizai-os em nome do Pai
e do Filho e do Espírito Santo'."

---

84. Cf. 1Cor 10,1-6.
85. Tertuliano, *De Baptismo*, 9: *PL* 1,1209.
86. Cf. Ef 2,14.

No mistério do Filho de Deus encarnado, a própria força simbólica da água foi elevada a uma dimensão superior, já delineada em seu batismo e definitivamente esclarecida em seu mistério pascal. Com efeito, a descida do Senhor ao Jordão — como mistério da santificação das águas a partir de sua vitória sobre as falsas divindades escondidas nos abismos[87] — foi lida pelos antigos padres como sinal profético de sua morte na cruz e sua gloriosa ressurreição: levando pelo Jordão abaixo as culpas de toda a humanidade, inserindo-se no lugar do homem pecador, ele inaugurou seu ministério público recebendo a infusão do Espírito Santo e prefigurando o mistério de sua paixão[88]. À luz de tudo isso, muita razão tem Hugo Rahner ao afirmar que "o mistério do batismo só pode ser compreendido por meio do mistério da cruz — ao pé da árvore da vida flui a água da vida"[89].

A Igreja oriental desenvolveu e aprofundou, na sua liturgia e na sua teologia icônica, esta compreensão do batismo de Jesus. Ela vê uma relação bastante profunda e rica entre o conteúdo da festa da Epifania (proclamação da filiação divina pela voz celeste; a Epifania é o dia do batismo no Oriente) e a Páscoa. [...] O ícone do batismo de Jesus mostra a água como um túmulo de água que corre, que tem a forma de uma escura caverna, que, por sua vez, é o sinal iconográfico do Hades, o reino dos mortos, o inferno. A descida de Jesus a este túmulo de água a correr, a este inferno, que o envolve totalmente, é a pré-realização da descida ao reino dos mortos: "Tendo mer-

---

87. "[...] Como era preciso quebrar as cabeças do dragão, Jesus, descendo nas águas, atacou o forte, para que nós pudéssemos andar sobre os escorpiões e as serpentes" (São Cirilo de Jerusalém. *Catechesis* 3, 11: *PG* 33,441).

88. Cf. Mt 3,13-17; Mc 1,9-11; Lc 3,21-22.

89. Rahner, Hugo, *Mitos griegos em interpretación cristiana*, Barcelona, Herder, 2003, p. 93.

gulhado na água, prendeu o que era forte" (cf. Lc 11,22), diz São Cirilo de Jerusalém[90].

Morto na cruz, com o lado aberto pela lança do soldado, do qual emana sangue e água[91], Jesus se tornou o verdadeiro templo da presença de Deus e o lugar do nosso repouso[92], o rio que alegra a cidade de Deus[93], que purifica a terra, nos regenera e nos conduz ao paraíso. Dessa morte veio a vida — o sangue é, na Escritura, sede simbólica da vida[94] —, e nela a Escritura foi cumprida até o fim, quando ele realmente se tornou a fonte de água viva da qual os que têm sede podem se aproximar com confiança[95].

Nesta água e neste sangue que manam do lado aberto do divino redentor — imagem dos sacramentos do Batismo e da Eucaristia — os padres enxergaram algo realmente extraordinário: do lado do novo Adão adormecido na morte nasceu a nova Eva, a Igreja, verdadeira mãe da nova criação. De fato — na bela expressão do Catecismo da Igreja Católica —, "foi em sua Páscoa que Cristo abriu a todos os homens as fontes do Batismo"[96]. Sobre esse tema, Santo Agostinho nos ofereceu uma das mais inspiradas páginas de toda a tradição patrística:

> O Evangelista usou de uma palavra premeditada para não dizer "feriu o seu lado" ou "atravessou". Disse "abriu", para mostrar de que modo se abria a porta da vida, de onde emanavam os

---

90. RATZINGER, Joseph, *Jesus de Nazaré: do batismo no Jordão à transfiguração*, São Paulo, Planeta, 2007, p. 35.
91. Cf. Jo 19,34.
92. Cf. Ez 47,1-12.
93. Cf. Sl 45,5.
94. Cf. Lv 17,11; Dt 12,23.
95. Cf. Jo 7,37-38.
96. *Catecismo da Igreja Católica*, nº 1225.

sacramentos da Igreja, sem os quais não se entra para a vida que é vida verdadeira. Isto foi prefigurado em Noé, que mandou fazer uma porta no lado da arca por onde deviam entrar os animais que houvessem de escapar do dilúvio, e nos quais estava representada a Igreja. Em atenção a este mesmo fato, a primeira mulher foi tirada do lado do homem enquanto dormia, e foi-lhe dado o nome de vida e mãe dos vivos. [...] Aqui o segundo Adão, inclinada a cabeça, adormeceu na cruz, para que dele se lhe formasse a esposa que brotou do lado do que dormia[97].

A abertura do coração é a entrega, para uso do público, daquilo que se tem de mais íntimo e mais pessoal. O espaço aberto e desocupado pode ser pisado por todos. [...] O novo templo, do mesmo modo como a fonte recém-aberta da qual todos podem beber, indica uma comunhão: o corpo que foi entregue é o lugar da fundação da Nova Aliança, da reunião da nova comunidade: é, a um só tempo, espaço, altar, sacrifício, refeição, comunidade e seu Espírito[98].

Pela fé e pelo batismo, cumprindo o mandato do Senhor[99], a Igreja deve formar o novo povo de Deus, reunido pela Trindade.

"Olhai agora, ó Pai, a vossa Igreja, e fazei brotar para ela a água do batismo. Que o Espírito Santo dê, por esta água, a graça do Cristo, a fim de que o ser humano, criado à vossa imagem, seja lavado da antiga culpa pelo batismo e renasça pela água e pelo Espírito Santo para uma vida nova."

---

97. Santo Agostinho, *In Ioannis Evangelium Tractatus*, 120, 2: *PL* 35, 1953.

98. Feiner, J.; Loehrer, M., *Mysterium Salutis: compêndio de dogmática histórico-salvífica*, Petrópolis, Vozes, 1974, v. III/6, p. 90.

99. Cf. Mt 28,19-20.

Eis, neste trecho da oração, o trânsito da *anamnese*[100] (memória) à *epiclese*[101] (invocação), muito embora uma permaneça intrinsecamente unida à outra. A Igreja, agora, pede a Deus que abra para ela a fonte batismal, a fim de que, mediante a ação sacramental, possa sair de seu útero fecundo os membros do novo povo de Deus: "Em verdade, em verdade, te digo: se alguém não nascer da água e do Espírito, não poderá entrar no Reino de Deus"[102].

Nas águas batismais, com efeito, tem lugar o mistério da nossa *recriação*, quando nosso *eu*, uma vez inserido no *eu* de Cristo, o primogênito da nova humanidade[103], é purificado da corrupção do pecado e elevado à sua original integralidade. Uma vez abençoadas, as águas batismais se convertem em mediação para que nós, ainda no tempo, possamos ressuscitar: "Portanto, se alguém está em Cristo, é uma nova criatura. O que era antigo passou; eis que tudo se fez novo"[104].

> A grande explosão da ressurreição agarrou-nos no batismo para nos atrair. Desse modo, ficamos associados a uma nova dimensão da vida, na qual nos encontramos já de algum modo inseridos, no meio das tribulações do nosso tempo. Viver a própria vida como um contínuo entrar neste espaço aberto: tal é o significado do ser batizado, do ser cristão. É esta a alegria da Vigília Pascal. A ressurreição não passou, a ressurreição alcançou-nos e agarrou-nos[105].

---

100. Em grego, ἀνάμνησις (*anamnesis*).
101. Em grego, ἐπίκλησις (*epiklesis*).
102. Jo 3,5.
103. Cf. Cl 1,12-20.
104. 2Cor 5,17.
105. Papa Bento XVI, *Homilia na Vigília Pascal,* 15 de abril de 2006. Disponível em: https://www.vatican.va/content/benedict-xvi/pt/homilies/2006/documents/hf_ben-xvi_hom_20060415_veglia-pasquale.html.

"Nós vos pedimos, ó Pai, que por vosso Filho desça sobre esta água a força do Espírito Santo. E todos os que, pelo batismo, forem sepultados na morte com Cristo ressuscitem com ele para a vida. Por Cristo, nosso Senhor."

O sacerdote, ao pronunciar essas palavras, mergulha o círio pascal na água que se abençoa: o Pai, por intermédio do Filho, envia sobre ela o Espírito Santo com sua especial força santificadora, tornando-a fecunda, isto é, capaz de nos purificar, configurar-nos sacramentalmente ao mistério pascal da paixão e da ressurreição do Senhor[106]. O gesto de afundar o círio na água comporta um sentido de fecundação do elemento natural, de núpcias simbólicas entre o céu e a terra.

A bênção da água batismal, em síntese, significa que a graça do sacramento não brota da água como simples elemento material, mas da ação do Espírito Santo que a consagra, realidade visivelmente expressa por meio do sinal da imersão do círio. Somente assim ela pode se tornar o instrumento por meio do qual a Páscoa de Cristo se torna, também, Páscoa de toda a humanidade.

> No batismo, o Senhor entra na vossa vida pela porta do vosso coração. Já não estamos um ao lado do outro ou um contra o outro. Ele atravessa todas estas portas. A realidade do batismo consiste nisto: ele, o ressuscitado, vem; vem até vós e une a sua vida com a vossa conservando-vos dentro do fogo vivo do seu amor. Passais a ser uma unidade: sim, um só com ele e, deste modo, um só entre vós. [...] Os crentes nunca são totalmente estranhos um ao outro. Estamos em comunhão por causa da nossa identidade mais profunda: Cristo em nós. Deste modo, a

---

106. Cf. Rm 6,3-4.

fé é uma força de paz e reconciliação no mundo: fica superada a distância, no Senhor tornamo-nos próximos (cf. Ef 2,13)[107].

A oração para bênção da água destinada à aspersão dos fiéis, de tradição recente, evoca, em primeiro lugar, a simbologia natural e bíblica da água. O motivo pelo qual sobre ela se invoca a bênção é, em seguida, anunciado: para que seja, para aqueles sobre os quais será aspergida, recordação do próprio batismo, associando-os à alegria daqueles que, na noite pascal, descem às águas da salvação.

Depois que o povo, com as velas acesas na mão, renovar suas promessas batismais, a água deve ser aspergida sobre a assembleia litúrgica, enquanto se canta a antífona pascal "*Vi a água saindo do lado direito do templo, aleluia!*", ou outro canto que faça referência ao batismo. Como já acenado, foi por ocasião da renovação da celebração da Vigília Pascal, em 1951, que o rito da renovação das promessas batismais foi nela inserido[108].

3.4 O sacramento da Confirmação no contexto da noite pascal

Ao final deste capítulo, julgamos necessário refletir, ainda que brevemente, sobre o sacramento da Confirmação, já que o Missal Romano assevera que, na celebração da liturgia batismal, "os catecúmenos adultos são confirmados logo após o batismo, se houver bispo ou sacerdote com delegação para fazê-lo"[109]. Ademais, uma palavra so-

---

107. Papa Bento XVI, *Homilia na Vigília Pascal*, 22 de março de 2008. Disponível em: https://www.vatican.va/content/benedict-xvi/pt/homilies/2008/documents/hf_ben-xvi_hom_20080322_veglia-pasquale.html.

108. Cf. Sacra Congregatio Rituum, *Decretum Dominicae Resurrectionis: de solemni Vigilia Paschali instauranda. Rubricae sabbato sancto servandae si Vigilia Paschalis instaurata peragatur*, 24-26.

109. *Missal Romano, Vigília Pascal na Noite Santa*, nº 44.

bre ele faz-se realmente importante porque — conforme afirma Salvatore Marsili — "não se pode ignorar que a Confirmação é, dentre os sacramentos, o que encontra mais dificuldades para afirmar o seu valor no próprio interior da Igreja, tanto no plano da práxis litúrgico-pastoral quanto no plano da teologia"[110].

Já a *Sacrosanctum Concilium* falava sobre a necessidade de se rever o rito mediante o qual a Confirmação era administrada na Igreja, "para mais claramente aparecer a íntima conexão desse sacramento com toda a iniciação cristã"[111]. Na Constituição Apostólica *Divinae Consortium Naturae* — com a qual promulgou o novo ritual para administração da Crisma em 1971 —, o Papa São Paulo VI fundamenta neste pedido do Concílio todo o processo de revisão, intenso e meticuloso, pelo qual passou esse sacramento, para que a unidade da iniciação cristã fosse colocada na devida luz[112].

Quando o Espírito Santo desceu sobre Jesus, por ocasião de seu batismo no Jordão, realizou-se o que os profetas anunciaram sobre o Messias e sua missão[113]: que sobre ele repousaria, em sua plenitude, o Espírito do Senhor Deus para assinalá-lo como o enviado e ungi-

---

110. MARSILI, Salvatore, *Sinais do mistério de Cristo: teologia litúrgica dos sacramentos, espiritualidade e ano litúrgico*, São Paulo, Paulinas, 2010, p. 233.

111. *Sacrosanctum Concilium*, nº 71.

112. Sobre esse tema, é de grande proveito a leitura da obra *Nas fontes da vida cristã: uma teologia do batismo-crisma*, de Francisco Taborda, na qual o autor, em face de uma prática pastoral que nos leva a pensar batismo e confirmação como realidades independentes, procura resgatar e apresentar a fundamental unidade entre ambos os sacramentos: "Apresentar batismo e crisma como unidade inseparável significará, pois, uma volta à mais genuína tradição e talvez resulte em alguma luz para a prática pastoral" (TABORDA, Francisco, *Nas fontes da vida cristã: uma teologia do batismo-crisma*, São Paulo, Loyola, 2012, p. 28).

113. Cf. Is 11,2; 61,1-3.

lo para o exercício de seu ministério[114]. Para constituir um povo que realmente pertença a Deus — geração escolhida, sacerdócio régio, nação santa, povo que ele adquiriu[115] — Cristo prometeu à Igreja uma especial efusão do Espírito Santo[116] que, a começar na cruz[117], foi profusamente derramada sobre os apóstolos no dia de Pentecostes[118], eles que, por meio da imposição das mãos, comunicavam o dom pascal do divino espírito àqueles que eram batizados com a finalidade de completar a graça batismal[119]. À luz dessa fundamentação bíblica, São Paulo VI afirma que "é exatamente essa imposição das mãos que é considerada pela tradição católica como a primeira origem do sacramento da confirmação, o qual torna, de algum modo, perene na Igreja a graça do Pentecostes"[120].

Desde a antiguidade, porém, a Igreja acrescentou à imposição das mãos o rito da unção com óleo perfumado — o *Crisma*[121] —, cuja origem lança suas raízes no título com o qual Jesus é designado no exercício de sua missão salvífica, isto é, o Cristo[122], o ungido[123], no qual também nós, como membros do seu corpo, somos ungidos, ou seja, cristãos. De fato, constata Tertuliano:

> Saídos da piscina batismal, somos ungidos pela unção abençoada conforme a disciplina antiga segundo a qual se tinha o

---

114. Cf. Mt 3,13-17.
115. Cf. 1Pd 2,9.
116. Cf. Jo 14,15-28.
117. Cf. Jo 19,30.34.
118. Cf. At 2,1-11.
119. Cf. At 8,15-17; 19,5-6; Hb 6,2.
120. Papa São Paulo VI. *Constituição Apostólica Divinae Consortium Naturae* (AAS 63 [1971] 657).
121. Em grego, χρῖσμα (*chrisma*).
122. Em grego, Χριστός (*Christós*).
123. Cf. At 2,36.

costume de ser ungido com o óleo derramado do chifre, em vista do sacerdócio. Foi com esse óleo que Aarão foi ungido por Moisés; daí deriva o seu nome de ungido, que vem de crisma, que significa unção. Foi essa unção que deu seu nome ao Senhor, tornada espiritual. Com efeito, ele foi ungido com o Espírito pelo Pai [...]. Desse modo, nós somos ungidos sensivelmente, mas a unção opera espiritualmente[124].

Mediante essa unção crismal, o fiel é marcado com o selo do Espírito Santo[125], como sinal de consagração e de pertença a Cristo — aquele a quem o Pai marcou com seu selo[126] —, a fim de que, tendo sido enriquecido com o dom inefável do Espírito Santo para ficar mais perfeitamente unido à Igreja e testemunhar a fé como verdadeira testemunha, espalhe pelo mundo o "bom odor de Cristo"[127]. A propósito dessa unção, comenta Santo Ambrósio: "Recebeste o selo espiritual [...] e guarda o que recebeste. Deus Pai te assinalou, Cristo Senhor te confirmou e colocou o Espírito como penhor em teu coração"[128]. Ademais:

> A Confirmação aperfeiçoa a graça batismal; é o sacramento que dá o Espírito Santo para enraizar-nos mais profundamente na

---

124. TERTULIANO, *De Baptismo* 7: *PL* 1, 1207.
125. Cf. 2Cor 1,21-22.
126. Cf. Jo 6,27.
127. Cf. 2Cor 2,15. A propósito disso, comenta Jean Daniélou: "Sabe-se que o μύρον (*myron*), que nós chamamos 'crisma', compõe-se de uma mistura de óleos e de bálsamo, ao qual os orientais acrescentam outros aromas. Portanto, o que o distingue materialmente do óleo dos catecúmenos é a presença do bálsamo e dos aromas, isto é, o fato de ele ser perfumado. É, pois, o perfume que constitui o essencial do símbolo" (DANIÉLOU, Jean, *Bíblia e Liturgia: a teologia bíblica dos sacramentos e das festas nos padres da Igreja*, São Paulo, Paulinas, 2013, p. 142).
128. SANTO AMBRÓSIO, *De Mysteriis* 7, 42: *PL* 16, pp. 402-403.

filiação divina, incorporar-nos mais firmemente a Cristo, tornar mais sólida a nossa vinculação com a Igreja, associar-nos à sua missão e ajudar-nos a dar testemunho da fé cristã pela palavra, acompanhada das obras[129].

Como participação no mistério pascal, o batismo já dá o Espírito Santo e envia à missão. Mas o gesto simbólico empregado no batismo (o banho batismal) só visibiliza a vitória sobre a morte e o pecado, o primeiro momento do mistério pascal, momento básico que, em germe, contém os outros. O gesto simbólico da confirmação visibiliza o aspecto da missão (imposição das mãos), do possessoramento por Deus (assinalação), da doação do Espírito para a missão (unção), do testemunho (perfume), resumindo-se todos esses aspectos num só: o dom do Espírito[130].

O esforço pastoral para reinserir a Confirmação no contexto da iniciação à vida cristã — já vivamente recomendado pelo Concílio — vai ao encontro da necessidade de restaurar essa primitiva unidade sacramental, que, na Igreja latina, por força de alguns fatores históricos, acabou ficando comprometida. O Catecismo da Igreja Católica resume este contexto histórico, dando, ao mesmo tempo, as razões que fundamentam a prática litúrgica latina hodierna:

> [...] a multiplicação dos batizados de crianças [...] e a multiplicação das paróquias [...], que amplia as dioceses, não permitem mais a presença do bispo em todas as celebrações batismais. No Ocidente, visto que se deseja reservar ao bispo a complementação do batismo, se instaura a separação dos dois sacramentos em dois momentos distintos. [...] Um costume da

---

129. *Catecismo da Igreja Católica*, nº 1316.
130. TABORDA, Francisco, *Nas fontes da vida cristã: uma teologia do batismo-crisma*, São Paulo, Loyola, 2012, p. 146.

Igreja de Roma facilitou o desenvolvimento da prática ocidental graças a uma dupla unção com o santo crisma depois do batismo: realizada já pelo presbítero sobre o neófito, ao sair este do banho batismal, ela é terminada por uma segunda unção feita pelo bispo na fronte de cada um dos novos batizados. [...] Se o batismo é conferido a um adulto, há uma só unção pós-batismal, a da Confirmação[131].

De fato, existe a situação particular das crianças e dos adolescentes, que, seguindo as etapas do catecumenato conforme a idade cronológica, recebem em momentos distintos os três sacramentos da iniciação. Todavia, também nessa circunstância, a recuperação da chamada "sequência original" desses sacramentos (Batismo, Crisma e, por fim, Eucaristia)[132], à luz da unidade, que, teologicamente, os sustenta, pode ajudar a exprimir melhor a "unidade do mistério pascal, a relação entre a missão do Filho e a efusão do Espírito Santo e o nexo entre os sacramentos, pelos quais ambas as pessoas divinas vêm com o Pai àquele que foi batizado"[133], o que fica mais claramente manifesto quando os três sacramentos são administrados numa mesma celebração, no caso dos adultos[134].

---

131. *Catecismo da Igreja Católica*, nº 1290-1291.

132. Cf. CNBB. *Iniciação à vida cristã: itinerário para formar discípulos missionários* (Documento 107), nº 240.

133. *Ritual de Iniciação Cristã de Adultos*, Introdução ao Rito de Iniciação Cristã de Adultos, nº 34.

134. "A este respeito, é necessário prestar atenção no tema da ordem dos sacramentos da iniciação. Na Igreja, há tradições diferentes; esta diversidade é patente nos costumes eclesiais do Oriente e na prática ocidental para a iniciação dos adultos, se comparada com a das crianças. Contudo, tais diferenças não são propriamente de ordem dogmática, mas de caráter pastoral" (PAPA BENTO XVI, *Exortação Apostólica Pós-Sinodal Sacramentum Caritatis*, nº 18).

O ritual de iniciação cristã de adultos é enfático ao afirmar: "Conforme antiquíssimo uso da Liturgia Romana, o adulto não é batizado sem receber a Confirmação imediatamente depois do Batismo, salvo se grave razão o impedir"[135]. De fato, no contexto da inspiração advinda do catecumenato primitivo, a recuperação da unidade entre esses sacramentos — recebidos especialmente na Eucaristia da noite de Páscoa e sendo por ela coroados — permite que, no tempo da mistagogia, os neófitos progridam num conhecimento mais profundo do mistério pascal para que, na vida cotidiana, possam testemunhá-lo[136].

A administração aos catecúmenos dos sacramentos da iniciação na Vigília Pascal visa não somente a enriquecê-la com a inserção de belos ritos como também tornar manifesto o que é ontologicamente essa celebração: o lugar do novo nascimento, significado e realizado pelo banho que regenera, pela unção que fortalece e pelo alimento que nos congrega na unidade do corpo de Cristo.

---

135. *Ritual de Iniciação Cristã de Adultos, Introdução ao Rito de Iniciação Cristã de Adultos*, n° 34.

136. Cf. *Ritual de Iniciação Cristã de Adultos, Introdução ao Rito de Iniciação Cristã de Adultos*, n° 37.

4
LITURGIA EUCARÍSTICA

Eis-nos no cerne da vigília pascal: são os primeiros momentos do grande dia esperado, o dia que fez o Senhor, a alvorada do dia que contemplou Jesus ressuscitado. Tudo o que a Igreja realiza durante todo o ano litúrgico converge para essa eucaristia pascal e parte dela[1].

Omitindo a profissão de fé, após a aspersão, o sacerdote volta à cadeira para presidir a Oração dos Fiéis. Concluída, dá-se início à *Liturgia Eucarística*, última parte da celebração da Vigília Pascal e seu ápice, quando a assembleia litúrgica, renascida pelo Batismo, toma parte no banquete eucarístico preparado por Cristo, memorial de seu sacrifício na cruz, verdadeira presença do Ressuscitado em sua Igreja e penhor da eterna Páscoa, sendo, por isso, "de modo pleno o sacramento da Páscoa"[2]. No contexto da Iniciação à Vida Cristã, a Eucaristia consuma o processo de introdução do novo cristão no Corpo de Cristo, no Povo de Deus, ação litúrgica e eclesiológica que tem, precisamente, na Vigília da Páscoa o seu lugar mais apropriado para acontecer.

Batismo e Crisma nos direcionam para a Eucaristia. Iniciados nos mistérios da Páscoa, podemos nos sentar à mesa da Euca-

---

1. BOROBIO, Dionisio (Org.), *A celebração na Igreja: Ritmos e tempos da celebração*, São Paulo, Loyola, 2000, v. 3, p. 117.
2. *Carta Circular Paschalis Sollemnitatis*, nº 90.

ristia. Nela se atualiza a expressão máxima do amor trinitário, e nos tornamos portadores da vida eterna e participantes do grande sacrifício universal da Cruz. Assim, a Eucaristia é o sacramento da plenitude, pois realiza plenamente o que os outros sacramentos anunciam. Do ponto de vista dos três sacramentos da iniciação, a Eucaristia é uma culminância, um sinal de plena e definitiva inserção na Igreja. Participando da mesa eucarística, o crente se alimenta e se sente cada vez mais membro da Igreja[3].

Amparados nos preciosos testemunhos das origens cristãs, já expusemos que a celebração anual da Páscoa cristã foi se estruturando e se desenvolvendo a partir, precisamente, da vigília realizada na noite do sábado para o domingo pascal, que é, na realidade, o seu núcleo. Depois dos dias de austero jejum em memória da Paixão do Senhor, celebrava-se o mistério da noite santa, em que ele passou da morte à vida em um esquema litúrgico que, em seu cerne, permanece o mesmo desde o início: leitura e meditação das Sagradas Escrituras, administração do Batismo e da Confirmação e celebração da Eucaristia. Na verdade, toda a vida litúrgica da Igreja encontra nessa Eucaristia sua fonte e seu fim, porquanto a celebração do sacrifício eucarístico é sempre memória "atualizadora e presentificadora"[4] do mistério pascal de Cristo, sobretudo essa que é celebrada como recordação anual desse mesmo mistério.

---

3. CNBB, *Iniciação à vida cristã: itinerário para formar discípulos missionários* (Documento 107), nº 132-133.

4. BOROBIO, Dionisio (Org.), *A celebração na Igreja: Liturgia e sacramentologia fundamental*, São Paulo, Loyola, 2002, v. 1, p. 216.

4.1 A eucologia da Liturgia Eucarística[5]

Na celebração da Vigília Pascal, a Liturgia Eucarística se desenrola da maneira habitual, sendo que são os textos eucológicos próprios desse momento — *prefácio, oração sobre as oferendas* e *oração depois da comunhão* — que "nos dão o conteúdo essencial do significado dessa eucaristia"[6], conforme comenta Augusto Bergamini, porquanto a Igreja expressa em suas fórmulas de oração o mistério da fé ao qual convida seus filhos a aderir.

As orações especificamente destinadas à celebração do culto litúrgico — dotadas de características próprias e cujas raízes tocam a mais antiga e venerável tradição cristã[7] — contemplam e realizam

---

5. A palavra grega ευκολογία (*eucologia*) — de *euke*, isto é, oração, e *logia*, ou seja, estudo — significa, etimologicamente, o estudo da oração, sendo, porém, utilizada para designar o conjunto de orações presentes num livro litúrgico ou pertencentes a determinada celebração litúrgica. Podemos dividir a eucologia católica em maior e menor. A menor, dentre outras, é constituída pelas orações rezadas ao princípio da missa (oração do dia), depois do ofertório (oração sobre as oferendas) e ao final da celebração (oração depois da comunhão). Já a eucologia maior é representada, principalmente, pela Oração Eucarística, com o prefácio como lhe introduz.

6. BERGAMINI, Augusto, *Cristo, festa da Igreja: história, teologia, espiritualidade e pastoral do ano litúrgico*, São Paulo, Paulinas, 2004, p. 370.

7. Julián López Martín apresenta as seguintes características, que, sendo próprias da oração cristã, manifestam-se especialmente na prece litúrgica: *sua estrutura trinitária, seu fundamento na união entre Cristo e a Igreja, sua dimensão eclesial*, enquanto expressão da voz do povo de Deus e da comunhão com a Igreja celeste, e, por fim, *sua preocupação antropológica*, enquanto realidade que acolhe a riqueza dos valores do homem, da sociedade e da inteira criação para apresentá-la a Deus a fim de que o mundo receba os dons da salvação (cf. MARTÍN, Julián López, *A Liturgia da Igreja: teologia, história, espiritualidade e pastoral,* São Paulo, Paulinas, 2006, pp. 194-197).

o mistério do amoroso diálogo entre Deus e seu povo que na Sagrada Liturgia se estabelece, pois assim como, mediante a proclamação das leituras bíblicas, o Senhor fala a seus filhos, por meio dos textos eucológicos, a assembleia litúrgica acolhe sua palavra e a ele eleva sua voz.

Além disso, porque inspirada no esquema próprio da oração bíblica, a oração litúrgica faz ecoar a resposta da Igreja à revelação que Deus lhe faz do seu desígnio salvífico, sendo, justamente por isso, anunciadora desse mesmo mistério celebrado no culto divino. De fato, ela "é a voz da própria esposa, que fala com o esposo, ou melhor, é a oração de Cristo, com seu próprio corpo, ao Pai"[8].

A *oração sobre as oferendas* é pronunciada pelo presidente da celebração sobre os dons do pão e do vinho colocados sobre o altar para serem oferecidos a Deus e recebidos em comunhão pela assembleia litúrgica. Sua finalidade é assinalar que, na Liturgia Eucarística, pela ação de graças e pela consagração, renova-se o mistério da conversão dos dons do pão e do vinho no sacramento do corpo e do sangue do Senhor. Já a *oração depois da comunhão* é proferida pelo sacerdote com a finalidade de dar graças pelos dons eucarísticos e de convidar a assembleia litúrgica a conformar a própria vida ao mistério celebrado para que possa, um dia, entrar em plena posse dele no Céu.

Rezadas na Vigília Pascal, essas orações levam-nos a compreender essa celebração como meio através do qual o Senhor comunica à sua Igreja o dom da vida nova que brota de sua ressurreição, oferecida e significada pelos sacramentos da Iniciação que, na Eucaristia, encontram sua plenitude. O anúncio feliz da ressureição de Cristo — que se eleva a Deus em forma de agradecimento e se anuncia aos homens como convite a levar uma vida nova — ressoa pela noite san-

---

8. *Sacrosanctum Concilium*, n° 84.

ta da Páscoa para que a assembleia litúrgica, renovada pela palavra e pelos sacramentos, passe, um dia, dos sinais sacramentais à realidade da Páscoa definitiva celebrada na Jerusalém celeste. A celebração da Vigília, desse modo, coopera para renovar a fé, a esperança e o amor do povo de Deus, fortalecendo-o com o dom da graça a fim de que a Páscoa do Senhor seja, também, sua e, assim, passe do pecado à vida nova da graça.

Na verdade, o conteúdo essencial dessas orações consiste na súplica para que o mistério pascal celebrado na fé dê forma a uma existência cristã realmente pascal, que antecipa, no tempo da Igreja, a eterna Páscoa em direção à qual caminhamos em peregrinação. Celebrando esta Eucaristia na noite pascal, a Igreja é fortalecida pela efusão do Espírito Santo — o dom pascal por excelência — que une na caridade aqueles que o Senhor Jesus, morto e ressuscitado, nutre com os seus sacramentos. De fato, "o desejo e a obra do Espírito no coração da Igreja é que nós vivamos da vida de Cristo ressuscitado"[9].

> Acolhei, ó Deus, com estas oferendas as preces do vosso povo, para que a nova vida, que brota do mistério pascal, seja por vossa graça penhor da eternidade. Por Cristo, nosso Senhor[10].
>
> Ó Deus, derramai em nós o vosso espírito de caridade, para que, saciados pelos sacramentos pascais, permaneçamos unidos no vosso amor. Por Cristo, nosso Senhor[11].

Damos o nome de *prefácio* ao texto litúrgico variável com o qual se inicia a grande Oração Eucarística. Com efeito, ele é uma solene oração de louvor e ação de graças por meio da qual o presidente da celebração, em nome de toda a assembleia litúrgica, glorifica a Deus

---

9. *Catecismo da Igreja Católica*, nº 1091.
10. *Missal Romano, Vigília Pascal na Noite Santa*, nº 52.
11. *Missal Romano, Vigília Pascal na Noite Santa*, nº 55.

e lhe agradece por toda a obra da salvação ou por algum de seus aspectos particulares, segundo o dia, a festa ou o tempo litúrgico[12].

Porque foi com uma oração de agradecimento que o Senhor Jesus iniciou a instituição da Eucaristia — comenta Josef Jungmann — "assim, encontramos também ao longo de todos os séculos como lei inviolável da liturgia da Igreja que a oração principal da celebração eucarística é iniciada, embora não continuada, como oração de ação de graças"[13]. De fato, sua antiguidade pode ser comprovada pelo testemunho de São Justino, do século II, quando afirma que, na celebração eucarística, "oferece-se pão, vinho e água, e o presidente, conforme suas forças, faz igualmente subir a Deus suas preces e ações de graças e todo o povo exclama, dizendo: 'Amém'"[14].

De fato, no conjunto dos textos litúrgicos que compõem a eucologia da Vigília, o I prefácio da Páscoa — especialmente proposto para essa celebração — exprime, de modo admirável, a teologia e a fé da Igreja acerca do mistério pascal, enquanto realidade salvífica prefigurada na antiga Aliança, nos ritos pascais judaicos, e plenamente realizada pelo Cristo mediante sua imolação na cruz e gloriosa ressurreição, quando selou a nova e definitiva aliança.

O texto do I prefácio da Páscoa já aparece na mais antiga coletânea romana de textos litúrgicos, o chamado *Sacramentário Leonino*, do século V. Em meados do século VIII, após uma reforma na liturgia da qual emergiu o *Sacramentário Gregoriano*, vemos o texto desse prefácio constar no exemplar que o papa Adriano I confiou a Carlos Magno[15].

---

12. *Instrução Geral sobre o Missal Romano*, n° 79 a.

13. JUNGMANN, Josef A., *Missarum Sollemnia: origens, liturgia, história e teologia da missa romana*, São Paulo, Paulus, 2010, p. 584.

14. SÃO JUSTINO, *Apologia* 1,67: *PG* 6,429.

15. Cf. EISENHOFER, Ludwig, *Compendio de Liturgia Católica,* Barcelona, Herder, 1956, pp. 202-203; JUNGMANN, Josef A., *Missarum Sollemnia:*

Por fim, do Missal de São Pio V, de 1570, passou ao atual Missal Romano, no qual encontramos mais quatro formulários de prefácios próprios para o tempo pascal. É justamente sobre o conteúdo deste venerável formulário litúrgico e o seu significado que vamos, agora, deter nossa reflexão.

> "*Na verdade, é justo e necessário, é nosso dever*
> *e salvação dar-vos graças, sempre e em todo o lugar, mas*
> *sobretudo nesta noite (neste dia ou neste tempo) em que*
> *Cristo, nossa Páscoa, foi imolado.*"

No texto do I prefácio da Páscoa, de um modo ao mesmo tempo simples e profundo, reaparece a realidade que perpassa e sustenta toda a estrutura litúrgica da celebração da Vigília: a visão da história da salvação nas suas dimensões de *profecia* e *cumprimento*, à luz da leitura tipológica dos eventos salvíficos da antiga Aliança, já realizada pelos autores do Novo Testamento e pelos antigos padres, que deram conteúdo a esse venerável formulário litúrgico.

De fato, é justo e necessário elevar a Deus louvor e ação de graças pelo amor infinito com que ele ama seu povo e que, ao longo da história da salvação, foi revelado. Realmente, o louvor é como uma necessidade interior do amor do qual brota a gratidão e, por isso, é dever da Igreja cantar sempre a glória do seu Senhor, sobretudo na noite (Vigília), no dia (da Páscoa e da oitava pascal) e no tempo solene da Páscoa em que se manifestou, de modo pleno, o dom da salvação.

No motivo do louvor e da ação de graças que a Igreja, pelas palavras desse prefácio, eleva a Deus, aparece de modo claríssimo esta realidade: *Cristo é, de fato, a verdadeira Páscoa, isto é, o verdadeiro*

---

origens, liturgia, história e teologia da missa romana, São Paulo, Paulus, 2010, pp. 587-590.

Cordeiro que, em sua imolação, tira o pecado do mundo, vencendo a morte e dando-nos a vida. Aparece, aqui, como fundo bíblico prefigurativo, uma dupla tradição do Antigo Testamento: *a do cordeiro imolado e consumido na Páscoa judaica e a da palavra profética do profeta Isaías acerca do Servo Sofredor que, como um cordeiro inocente, foi conduzido ao matadouro carregando sobre si os pecados*[16].

> A Lei é antiga, mas a Palavra é nova; a figura é transitória, mas a graça é eterna; corruptível o cordeiro, incorruptível o Senhor, que foi imolado como cordeiro, mas ressuscitou como Deus. Na verdade, era como ovelha conduzida ao matadouro e, contudo, não era ovelha; era como cordeiro sem voz e, no entanto, não era cordeiro. Com efeito, passou a figura e apareceu a realidade perfeita: em vez de um cordeiro, Deus; em vez de uma ovelha, o homem; no homem, porém, apareceu Cristo, que tudo abrange. Por consequência, a imolação da ovelha, a celebração da Páscoa e a escritura da Lei tiveram a sua perfeita realização em Jesus Cristo, porque tudo o que acontecia na antiga Lei se referia a ele, e mais ainda na ordem nova, para ele tudo converge[17].

"*Ele é o verdadeiro Cordeiro, que tira o pecado do mundo.*"

À luz do capítulo 12 do Êxodo e do capítulo 16 de Deuteronômio — em que encontramos o mandato peremptório de Deus a seu povo para que celebre, como instituição perpétua, a festa da Páscoa,

---

16. Cf. BEUTLER, Johannes, *Evangelho segundo João: Comentário*, São Paulo, Loyola, 2016, pp. 66-67, 443-446. GARCÍA-MORENO, Antonio, *El Cuarto Evangelio: aspectos teológicos*, Pamplona, Ediciones Eunate, 1996, pp. 23-67; MATEOS, Juan; BARRETO, Juan, *O Evangelho de São João: análise linguística e comentário exegético*, São Paulo, Paulus, 1999 (Grande Comentário Bíblico), pp. 92-105, 787-829.

17. SÃO MELITÃO DE SARDES, *De Pascha*, 4-6.

com as devidas instruções cultuais que deviam ser observadas —, podemos dizer que a vítima pascal, isto é, o animal imolado e consumido como refeição sagrada, era o elemento essencial da festividade, recebendo, ele próprio, o nome que designava o acontecimento salvífico a ser recordado e a celebração que dele fazia memória: "Ao Senhor, teu Deus, *sacrificarás a Páscoa*, tomada do teu gado ou do teu rebanho"[18].

> No dia dez deste mês, cada um tome um cordeiro para a casa paterna, um cordeiro para cada casa [...]. O cordeiro será sem defeito, macho, de um ano. Pode ser cordeiro ou cabrito. Guardai-o até o dia quatorze do mês. Então, toda a comunidade de Israel reunida o imolará, ao cair da tarde. Tomarão um pouco do sangue, e com ele untarão os dois umbrais e a viga da porta das casas, nas quais o comerão. Nesta mesma noite comerão a carne assada ao fogo, com pães sem fermento e ervas amargas. Não a comereis crua, nem cozida em água, mas assada ao fogo com cabeça, pernas e vísceras. Nada deixareis até a manhã seguinte. Se algo sobrar até a manhã seguinte, vós o queimareis no fogo[19].

São João Batista, no quarto Evangelho, por duas vezes aponta o Cristo como "*Cordeiro de Deus*", acrescentando na primeira vez que o designa assim: "*aquele que tira o pecado do mundo*"[20]. Colocado logo ao início do ministério público de Jesus, este anúncio parece já apresentar o sentido de sua vida e de sua missão, trazendo em si — como realidade de um ulterior cumprimento — a sua morte no Calvário, pela qual haveria de expiar o pecado da humanidade. O evangelista São João, com efeito, procura deixar clara esta realidade

---

18. Dt 16,2.
19. Ex 12,3-10.
20. Jo 1,29.36.

do perfeito cumprimento das Escrituras no sacrifício redentor: Cristo foi entregue para ser crucificado na hora sexta, em que no Templo se imolavam os cordeiros para a celebração da festa da Páscoa[21], e, já morto, não teve nenhum de seus ossos quebrados, tal como devia ser tratada a vítima pascal[22].

De fato, ele é a vítima perfeita, verdadeiramente adequada para o sacrifício, que cumpre, de modo pleno e eficaz, o que o cordeiro sacrificado no culto hebraico prefigurava: sem cometer qualquer pecado[23], tomou sobre si mesmo o pecado não somente de Israel como também da humanidade inteira, para expiá-lo na imolação de amor em que derrama seu sangue até o total esgotamento e sela a nova e definitiva aliança[24]: "Carregou nossos pecados em seu próprio corpo, sobre o lenho da cruz, a fim de que, mortos para os pecados, vivamos para a justiça. Por suas feridas fostes curados"[25].

Os antigos padres exploraram, admiravelmente, essa afinidade teológica entre o Cristo e a vítima ofertada nos ritos pascais judaicos na perspectiva da *profecia* e do *cumprimento*: "O mistério do cordeiro que Deus mandou sacrificar como Páscoa era figura de Cristo, com cujo sangue os que nele creem, segundo a fé nele, ungem suas casas, isto é, a si mesmos"[26], assevera São Justino. Na verdade,

---

21. Cf. Jo 19,14-16.
22. Cf. Jo 19,36; Ex 12,46; Nm 9,12.
23. Cf. 2Cor 5,21; 1Pd 2,22; Hb 4,15.
24. Cf. Lc 22,20.
25. Cf. 1Pd 2,24.
26. São Justino, *Dialogus cum Tryphone Iudaeo* 40,1: *PG* 6,562. A eucologia do tempo pascal explora, admiravelmente, a figura de Cristo como verdadeiro cordeiro, muito especialmente os hinos da Liturgia das Horas. Neles, Cristo é invocado como o novo cordeiro, cujo sangue derramado apagou o pecado do mundo (*hino para o Ofício das Leituras na Oitava da Páscoa*); como a perene Páscoa (*hino para as Laudes na Oitava da Páscoa*)

ele é — como afirma São Melitão de Sardes — "a Páscoa da nossa salvação"[27].

> Deus não queria ser glorificado por meio de sacrifícios de touros e cabritos, cujo sangue não podia purificar o homem nem fazer expiação por ele. O novo culto esperado, e todavia até então ainda não definido, tornou-se uma realidade. Na cruz de Jesus, verificou-se aquilo que nos sacrifícios de animais tinha sido tentado em vão: o mundo obteve a expiação. O "Cordeiro de Deus" tomou sobre si o pecado do mundo e o retirou. A relação de Deus com o mundo — relação transtornada por causa da culpa dos homens — foi renovada. Realizou-se a reconciliação[28].

Pouco antes de Jesus ser entregue para morrer crucificado, Pilatos se assombra com o fato de ele permanecer em silêncio ante as falsas acusações que lhe eram dirigidas[29], mansidão que, outrossim, manifestou-se em sua humilde sujeição à coroação de espinhos, aos açoites, aos bofetões, aos xingamentos e às zombarias[30]. Aqui, com efeito, ecoa a mais pura tradição profética, representada, especialmente, por Isaías, que, na perspectiva do desígnio salvífico, fala do servo de Deus que assumiu nossas fraquezas e suportou nossas dores; aquele que, maltratado, submeteu-se e não abriu a boca e que, como

---

e a vítima verdadeira, que abriu as portas do inferno para libertar o povo cativo; como o pascal cordeiro em quem se alegra o povo de Deus e a cujas núpcias vamos trajando vestes brancas (*hino para as Vésperas na Oitava da Páscoa*).

27. São Melitão de Sardes, *De Pascha*, 103.
28. Ratzinger, Joseph, *Jesus de Nazaré: da entrada em Jerusalém até à ressurreição*, Cascais, Princípia, 2011, p. 188.
29. Cf. Mt 27,12-14.
30. Cf. Mt 27,26-31; 1Pd 2,23.

cordeiro, foi levado ao matadouro; aquele que justificou a muitos carregando os seus pecados[31].

Em Cristo — que vem ao mundo como servo para morrer como cordeiro e, assim, resgatar-nos da servidão[32] — vemos realizar-se aquilo que prefigurou o misterioso personagem profetizado por Isaías e a própria vítima pascal: Jesus é Deus que se fez homem e, por isso, pode realmente eliminar o pecado, e é precisamente perdoando-o que ele se manifesta como o real cordeiro — a verdadeira Páscoa, a *nossa Páscoa*, como afirma o Apóstolo São Paulo[33] — com cujo sacrifício ele foi plenamente expiado[34].

Prefigura esta obra de plena expiação do pecado a purificação do Templo — realizada por ele, precisamente, durante a festa pascal[35] — que ele consumou sobre a cruz quando se manifestou não somente como a vítima perfeita, mas como o templo santo no qual se oferece o sacrifício redentor do qual também ele é o sacerdote. Tanto os escritos neotestamentários quanto a tradição patrística aprofundaram, de modo extraordinário, esta ideia de plenificação do culto da antiga aliança pelo culto perfeito celebrado por Cristo na cruz, que se renova para a Igreja na oferta do sacrifício eucarístico, penhor da glória do Céu, onde o Cordeiro, imolado e glorificado por sua ressur-

---

31. Cf. Is 53,1-12: "Diferentemente do texto de Isaías, Jesus, o cordeiro verdadeiro, não leva os pecados [plural], mas o pecado do mundo. O singular, escolhido pelo evangelista João, corresponde ao de Paulo. O quarto evangelista prefere este modo de falar porque, no fim das contas, só há um pecado, a incredulidade, que consiste em não acreditar em Jesus e em sua missão (cf. Jo 16,9). Este é o 'pecado do mundo'" (BEUTLER, Johannes, *Evangelho segundo João: Comentário*, São Paulo, Loyola, 2016, p. 67).

32. Cf. Mt 20,28; Mc 10,45.

33. 1Cor 5,7.

34. 1Pd 1,18-19.

35. Jo 12,13-22.

reição, recebe poder, riqueza, sabedoria, força, honra, glória e louvor por todos os séculos dos séculos[36].

Cristo, porém, veio como sumo sacerdote dos bens futuros. Ele entrou no santuário através de uma tenda maior e mais perfeita, não feita por mãos humanas, nem pertencente a esta criação. Ele entrou no santuário não com o sangue de bodes e bezerros, mas com seu próprio sangue, e isto, uma vez por todas, obtendo uma redenção eterna. De fato, se o sangue de bodes e touros e a cinza de novilhas espalhadas sobre os seres impuros os santificam, realizando a pureza ritual dos corpos, quanto mais o sangue de Cristo purificará a nossa consciência das obras mortas, para servirmos ao Deus vivo. Com efeito, em virtude do Espírito eterno, Cristo se ofereceu a si mesmo a Deus como vítima sem mancha[37].

É Cristo, com efeito, que, por si só, ofereceu tudo o quanto sabia ser necessário para a nossa redenção; ele é ao mesmo tempo sacerdote e sacrifício, Deus e templo. Sacerdote, por quem somos reconciliados; sacrifício, pelo qual somos reconciliados; templo, onde somos reconciliados. Entretanto, só ele é o sacerdote, o sacrifício e o templo, enquanto Deus na condição de servo; mas na sua condição divina, ele é Deus com o Pai e o Espírito Santo[38].

"*Morrendo, destruiu a morte e, ressurgindo, deu-nos a vida.*"

Ressoa, aqui, a palavra do apóstolo São Paulo, com a qual, a partir do triunfo pascal de Cristo, desafia o poder da morte que parecia inatingível: "Onde está, ó morte, a tua vitória? Onde está, ó

---

36. Cf. Ap 5,12.
37. Hb 9,11-14.
38. São Fulgêncio de Ruspe, *De fidei, seu de regula verae fidei, ad Petrum*, 22: *PL* 65,682.

morte, o teu aguilhão?"[39]. Manifesta-se, assim, o caráter paradoxal deste mistério, pois foi, precisamente, entrando na realidade da morte que Cristo a venceu, arrancando-nos, de uma vez para sempre, de seu domínio. Quando a morte tocou a humanidade do Filho de Deus, encontrou, nela oculta, sua divindade imortal, sendo, assim, aniquilada a fim de que nos fosse oferecido o dom da vida que à morte não se submete, fruto de sua cruz e de sua ressurreição. De fato, em Cristo, "a morte foi tragada pela vitória"[40].

Ele — afirma Melitão de Sardes — "por meio de seu espírito, não sujeito à morte, matou a morte que matava o homem"[41]. Ele — comenta Santo Agostinho — "morrendo, matou em si a morte; pela sua morte, nós somos libertados da morte"[42]; nele — proclama a Liturgia — "a morte mata a morte"[43]. De fato, não fomos feitos para a morte, mas para a vida sem fim que Cristo, pela graça batismal, nos oferece, para que, desde aqui, nós a vivamos, buscando as coisas do alto, onde ele está sentado à direita do Pai[44].

> A natureza divina não podia receber o aguilhão da morte, mas, nascendo de nós, tomou o que poderia oferecer por nós. Outrora ele ameaçava a nossa morte com o poder de sua morte, dizendo pela boca do profeta Oseias: "Ó morte, eu serei a tua morte; inferno, serei a tua moradia". Com efeito, morrendo, ele se sujeitou às leis do túmulo, mas, ressuscitando, aboliu-as e assim interrompeu a continuidade da morte, tornando-a tem-

---

39. 1Cor 15,55.
40. 1Cor 15,54.
41. São Melitão de Sardes, *De Pascha*, 66.
42. Santo Agostinho, *In Ioannis Evangelium Tractatus*, 84,2: *PL* 35,1847.
43. *Hino para o Ofício das Leituras no Tempo Pascal.*
44. Cf. Tt 3,4-7; Cl 3,1.

poral, de eterna que ela era. "Pois assim como todos morrem em Adão, em Cristo todos receberão a vida."[45]

Na *Sequência* que se canta na missa do dia da Páscoa — venerável hino litúrgico cuja origem remonta ao século XI[46] — encontramos uma extraordinária afirmação: *"A morte e a vida travaram um admirável combate: depois de morto, vive e reina o autor da vida"*[47]. O mistério da morte do Senhor, com efeito, está submetido ao mistério de sua divindade imortal, e é, por isso, que já em sua aparente derrota na cruz — neste admirável combate entre morte e vida — resplandece o glorioso triunfo de sua ressurreição[48]. De fato, o nosso Deus

---

45. São Leão Magno, *Sermo 59 De Passione Domini* 8, 8: *PL* 54,342.

46. Os hinos litúrgicos denominados *Sequência* têm origem medieval; são compostos para ser cantados como continuação do *Aleluia* (por isso, *sequência*). Com a reforma litúrgica realizada após o Concílio, foram conservadas na Liturgia as seguintes sequências, entoadas, porém, antes da aclamação ao Evangelho: para o dia da Páscoa, *Cantai, cristãos, afinal* (*Victimae paschali laudes);* para a solenidade de Pentecostes, *Espírito de Deus, enviai dos céus* (*Veni, Sancte Spiritus*); para a solenidade de Corpus Christi, *Terra exulta de alegria* (*Lauda, Sion*); para a memória de Nossa Senhora das Dores, *Estava a Mãe Dolorosa* (*Stabat Mater*). A autoria da Sequência da Páscoa é atribuída a Wipo da Borgonha, capelão do rei Conrado II (cf. Eisenhofer, Ludwig, *Compendio de Liturgia Católica*, Barcelona, Herder, 1956, pp. 190-191).

47. *Mors et vita duelo conflixere mirando: Dux Vitæ mortuus, regnat vivus.*

48. Já no rito da apresentação e da adoração da Santa Cruz, na celebração da Paixão do Senhor, a Igreja proclama o aspecto vitorioso e triunfal de sua morte mediante a qual nos veio a vida. A própria antífona proposta para acompanhar este rito, de inspiração bizantina, enxerga, já no opróbrio da morte do Redentor, a glória de sua ressurreição: *"Adoramos, Senhor, vosso madeiro; vossa ressurreição nós celebramos. Veio alegria para o mundo inteiro por esta cruz que hoje veneramos!"*.

venceu e é, precisamente, na perspectiva desse triunfo que temos de interpretar seu sacrifício redentor, que converteu em sinal de bênção, vitória e salvação o que, até então, era sinal de maldição, escândalo e fracasso[49]. Já os antigos padres expuseram e aprofundaram o sentido desse mistério, evocando o Cristo como "vítima vitoriosa" e a cruz como "troféu de sua vitória" e "sinal da salvação".

> Por nós, ele foi, diante de ti, vencedor e vítima, e, justamente porque vítima, foi vencedor. Por nós, diante de ti, ele foi sacerdote e sacrifício, e justamente sacerdote enquanto sacrifício. Fazendo-se nosso servo, ele, teu filho, transformou-nos de servos em teus filhos. Com razão ponho nele a minha firme esperança, porque fortalecerás todas as minhas fraquezas, por intermédio daquele que intercede por nós sentado à tua direita[50].
>
> Quando o Senhor levava o madeiro da cruz, madeiro que ele ia transformar em cetro de poder, certamente para os ímpios isso era objeto de derrisão, mas para os fiéis manifestava-se nele um grande mistério, porque esse gloriosíssimo vencedor do diabo e onipotente triunfador das forças adversas levava num belo instrumento o troféu de sua vitória e, em seus ombros, com invencível paciência, apresentava o sinal da salvação à adoração de todos os reinos[51].

"Transbordando de alegria pascal, nós nos unimos aos anjos e a todos os santos, para celebrar a vossa glória, cantando (dizendo) a uma só voz."

O texto do prefácio se conclui anunciando que é transbordando de alegria pascal que a igreja peregrina, unida à igreja celeste dos

---

49. Cf. Gl 3,13; 1Cor 1,23-24.
50. Santo Agostinho, *Confessiones* 10,43,69: *PL* 32,808.
51. São Leão Magno, *Sermo 59 De Passione Domini* 8,4: *PL* 54,339-340.

anjos e dos santos, proclama a glória do Senhor manifesta, admiravelmente, no mistério da ressurreição de Cristo, fundamento da nossa fé e da nossa esperança[52]. De fato, a profusão de júbilo que brota da celebração da Vigília toma conta da Igreja, devendo se estender, por meio da ação de graças e do louvor, durante os cinquenta dias do tempo pascal, uma alegria que afasta o medo e a tristeza e nos enche de esperança. O mundo inteiro, em virtude da vitória pascal do Cordeiro imolado, transborda de alegria e canta a Deus o cântico novo dos que foram salvos[53], porque foram inaugurados um novo céu e uma nova terra, penhor da pátria definitiva[54].

> O Cordeiro de Deus é símbolo e emblema de um amor sem medida na doação de si, mas também é sinal resplandecente de esperança suprema. Por trás da imolação do Cordeiro está o triunfo eterno e a vitória definitiva, assim como por trás da entrega abnegada e generosa está a alegria e a paz. Por tudo isso, na Paixão, a Cruz deixou de ser símbolo de castigo para se converter em sinal de vitória. A Cruz é o emblema do Redentor: *in quo est salus, vita et resurrectio nostra*: ali está nossa salvação, nossa vida e nossa ressurreição[55].

A fé significa também acreditar nele, acreditar que nos ama verdadeiramente, que está vivo, que é capaz de intervir misteriosamente, que não nos abandona, que tira bem do mal com o seu poder e a sua criatividade infinita. Significa acreditar que ele caminha vitorioso na história "e, com ele, estarão os chamados, os escolhidos, os fiéis" (Ap 17,14). Acreditamos no Evangelho que diz que o reino de Deus já está presente no

---

52. Cf. 1Cor 15,14.
53. Cf. Ap 14,3.
54. Cf. Is 65,17; 2Pd 3,13; Ap 21,1.
55. GARCÍA-MORENO, Antonio, *El Cuarto Evangelio: aspectos teológicos*, Pamplona, Ediciones Eunate, 1996, p. 67.

mundo, e vai-se desenvolvendo aqui e além de várias maneiras: como a pequena semente que pode chegar a transformar-se numa grande árvore (cf. Mt 13,31-32), como o punhado de fermento que leveda uma grande massa (cf. Mt 13,33), e como a boa semente que cresce no meio do joio (cf. Mt 13,24-30) e sempre nos pode surpreender positivamente: ei-la que aparece, vem outra vez, luta para florescer de novo. A ressurreição de Cristo produz por toda parte rebentos deste mundo novo; e, ainda que os cortem, voltam a despontar, porque a ressurreição do Senhor já penetrou a trama oculta desta história; porque Jesus não ressuscitou em vão. Não fiquemos à margem desta marcha da esperança viva![56]

4.2 Orientações pastorais

A Liturgia Eucarística é, com efeito, o ponto culminante da Vigília Pascal e o desenrolar da celebração; como em um movimento de ascensão, deve manifestar esta realidade. A propósito disso, afirma José Aldazábal: "A celebração tem uma linha de intensidade crescente: desde a proclamação da Páscoa até a proclamação do Evangelho e, logo, até a celebração do batismo e sobretudo da eucaristia. É a eucaristia mais importante de toda a Semana Santa, de todo o ano"[57].

Na Carta Circular *Paschalis Sollemnitatis* encontramos algumas orientações litúrgico-pastorais que podem contribuir para tornar a Liturgia Eucarística da Vigília Pascal ainda mais festiva e solene e, sobretudo, favorecer a participação ativa da assembleia litúrgica:

---

56. PAPA FRANCISCO, *Exortação Apostólica Evangelii Gaudium*, nº 278.
57. ALDAZÁBAL, José, *El Tríduo Pascual*, Barcelona, Centro de Pastoral Litúrgica, 1998 (Biblioteca Litúrgica v. 8), p. 166.

- Recomenda-se não celebrar apressadamente a Liturgia Eucarística, sendo muito conveniente que todos os ritos e as palavras que os acompanham alcancem toda a sua força expressiva;
- A Oração Universal pode ser feita por aqueles que, na noite pascal, receberem os sacramentos da iniciação cristã, da qual tomarão parte, pela primeira vez, como fiéis, exercendo o seu sacerdócio batismal;
- Também a procissão das oferendas pode contar com a participação dos neófitos;
- A Oração Eucarística deve ser, na medida das possibilidades, cantada com os seus embolismos próprios[58];
- É muito desejável que a comunhão eucarística seja administrada sob as espécies do pão e do vinho, para que se alcance a plenitude do sinal eucarístico[59].

Após a bênção final, acrescentando *Aleluia*, por duas vezes, à despedida, o sacerdote se despede do povo em paz, como uma expressão da alegre ação de graças da Igreja que se estenderá no decurso dos cinquenta dias pascais: *Ide em paz e o Senhor vos acompanhe, aleluia, aleluia.* Como resposta e desejo de que o júbilo pascal, de fato, ressoe na vida cotidiana e a ela dê sentido, a assembleia litúrgica responde: *Graças a Deus, aleluia, aleluia.*

A Páscoa é o momento em que teve início a verdadeira eucaristia. Por isso, o mistério da noite pascal também se concentra na eucaristia, que Cristo não apresenta mais sozinho, mas

---

58. Embora não se encontre no Missal Romano qualquer rubrica que exija o seu uso, é recomendável que, na Vigília Pascal, seja rezada a Oração Eucarística I (Cânon Romano), em virtude dos *comunicantes* próprios para essa celebração que ela apresenta.

59. Cf. *Carta Circular Paschalis Sollemnitatis*, nº 91-92.

juntamente com a sua Igreja. Esta participa da eucaristia, que inaugura a grande solenidade de Pentecostes, na qual a Igreja remida dá ininterruptamente graças ao Pai junto com o Filho[60].

4.3 Eucaristia: sacramento por excelência do mistério pascal[61]

À guisa de conclusão — após analisarmos o conteúdo eucológico da Liturgia Eucarística e as sugestões pastorais para o incremento

---

60. CASEL apud BERGAMINI, Augusto, *Cristo, festa da Igreja: história, teologia, espiritualidade e pastoral do ano litúrgico*, São Paulo, Paulinas, 2004, p. 369.
61. A palavra ευχαριστία (*eucharistia*) — do grego *eu*, isto é, bom, e *charis*, isto é, graça — significa, em sua origem, agradecimento. Nas suas várias formas, o termo aparece diversas vezes no Novo Testamento, muito especialmente nos relatos evangélicos da multiplicação dos pães e da última ceia, quando o Senhor toma o pão nas mãos e *dá graças* (εὐχαριστήσας — *eucharistesas*) por ele (cf. Mt 15,36; Lc 22,19). Porém, para aprofundar o sentido do uso deste termo nos escritos neotestamentários e na antiga tradição litúrgica, é preciso buscar suas raízes no termo hebraico *berakah*, enquanto bênção e louvor, traduzido como εὐλογεῖν (*eulogein*) (cf. Mt 26,26; Mc 14,22), do qual o termo eucaristia é correlato. A *berakah*, na tradição judaica, consiste na bênção e no louvor que, sobretudo no momento sagrado da refeição, proclamavam as obras maravilhosas realizadas por Deus em favor do seu povo. Muita razão tem Salvatore Marsili ao afirmar que "dos dois termos (louvor e agradecimento) [...] foi justamente o de agradecimento que adquiriu no cristianismo importância tal que identificou em seu nome, 'eucaristia', a forma e o conteúdo da 'oração de louvor' por excelência da tradição cristã" (MARSILI, Salvatore et al. *A Eucaristia: teologia e história da celebração*. São Paulo, Paulus, 1987, [Anámnesis, v. 3], p. 17). Com base nos testemunhos antigos, patrísticos e litúrgicos, podemos saber que já no início do século II a Igreja se vale do termo eucaristia — junto das expressões *ceia do Senhor* (cf. 1Cor 11,20) e *fração do pão* (cf. At 2,42.46; 20,7) — para designar a celebração litúrgica em que o corpo e o sangue de Cristo são oferecidos na forma do pão e do vinho como memorial do

de sua celebração na Vigília Pascal —, julgamos importante refletir sobre a razão pela qual, desde suas origens, a Igreja compreende e celebra a Eucaristia como *memorial do mistério pascal de Cristo*, como explicita o célebre trecho da *Sacrosanctum Concilium*, que se apresenta qual uma síntese da fé e da teologia católicas acerca desse mistério:

> Na Última Ceia, na noite em que foi entregue, nosso Salvador instituiu o sacrifício eucarístico de seu corpo e sangue. Por ele, perpetua pelos séculos, até que volte, o sacrifício da cruz, confiando destarte à Igreja, sua dileta esposa, o memorial de sua morte e sua ressurreição: sacramento de piedade, sinal de unidade, vínculo de caridade, banquete pascal, em que Cristo nos é comunicado em alimento, o espírito é repleto de graça e nos é dado o penhor da futura glória[62].

Antes de tudo, ainda que de modo sucinto, é necessário que abordemos a densa discussão sobre o fato de a última ceia celebrada por Jesus com os doze apóstolos ter sido ou não uma ceia pascal judaica, questão que, nos últimos tempos, tem alimentado a pesquisa e a reflexão de muitos teólogos. De fato, os argumentos favoráveis e contrários são razoáveis e as opiniões sobre a questão são diversas[63].

---

mistério pascal: "*Considerai legítima a eucaristia realizada pelo bispo ou por alguém que foi encarregado por ele. Onde aparece o bispo, aí esteja a multidão, do mesmo modo onde está Jesus Cristo, aí está a Igreja Católica*" (SANTO INÁCIO DE ANTIOQUIA, *Epistola ad Smyrnaeos*, 8: *PG* 5,713).

62. *Sacrosanctum Concilium*, n° 47.

63. Sólidos argumentos favoráveis foram levantados por Joachim Jeremías e expostos em sua famosa obra sobre a Última Ceia, particularmente no primeiro capítulo (JEREMÍAS, Joachim. *La última cena: palabras de Jesús*, Madri, Ediciones Cristiandad, 1980, pp. 13-92). Objeções, igualmente sólidas, foram apresentadas por Xavier León-Dufour (LÉON-DUFOUR, Xavier. *La fracción del pan: culto y existencia en el Nuevo Testamento*, Madri, Edi-

Na verdade, o problema é suscitado pela discordância acerca da datação da última ceia encontrada nos evangelhos sinóticos e no *Evangelho segundo São João*. De acordo com a cronologia dos sinóticos, a ceia derradeira ocorreu na noite do "primeiro dia da festa dos pães sem fermento, quando se imolava o cordeiro pascal" — portanto, a vigília da Páscoa —, sendo que o processo e a morte do Senhor ocorreram precisamente no dia da festa, celebrada, naquele ano, numa sexta-feira[64]. São João, por sua vez, apresenta o processo e a crucificação de Jesus como ocorridos no dia antes da Páscoa, o "dia da preparação" e não na própria festa, já que a Páscoa foi celebrada no sábado[65]. A última ceia, aqui, teria sido celebrada mesmo na quinta-feira, mas sem ser a ceia pascal. Em síntese, tanto os evangelistas sinóticos quanto São João afirmam que Cristo morreu crucificado na sexta-feira, mas para os primeiros esta sexta-feira foi o dia de Páscoa, enquanto para o segundo este dia coincidiu com a vigília da festa.

Muito embora a datação fornecida por São João pareça, historicamente, mais provável — pelo fato de que parece pouco admissível um processo e uma execução ocorrerem num dia de festa solene para os judeus —, é impossível negar o caráter pascal da ceia derradeira

---

ciones Cristiandad, 1983). Indicamos, também, a pesquisa sobre o tema de Aldazábal (BOROBIO, Dionisio [Org.]. *A celebração na Igreja: Sacramentos*, São Paulo, Loyola, 2008, v. 2, pp. 174-177), Bento XVI (cf. RATZINGER, Joseph. *Jesus de Nazaré: da entrada em Jerusalém até à ressurreição*, Cascais, Princípia, 2011, pp. 94-100), Giraudo (GIRAUDO, Cesare. *Num só corpo: tratado mistagógico sobre a eucaristia*, São Paulo, Loyola, 2003, pp. 127-143) e Haag (HAAG, Hebert. *De la antigua a la nueva Pascua: historia e teología de la fiesta pascual*, Salamanca, Ediciones Sígueme, 1980, pp. 139-156).

64. Cf. Mc 14,12; Mt 26,17; Lc 22,7.
65. Cf. Jo 18,28; 19,38.

tomada por Jesus com seus apóstolos[66]. A pesquisa teológica dá uma interessante resposta à essa difícil questão, formulada por José Aldazábal nos seguintes termos: "[...] é evidente que a ceia, fosse ou não um rito pascal, celebrou-se num clima próximo da Páscoa, embora com o sentido da nova páscoa centrada em Jesus". De fato, "se a morte de Cristo é o novo êxodo [...] e ele é o autêntico cordeiro pascal que se imola por todos [...], não há mais do que um passo para que a eucaristia se entendesse como o equivalente cristão da ceia pascal judaica e que os sinóticos projetassem isso para trás, contando a ceia de Jesus como ceia pascal"[67].

A propósito disso, comenta Bento XVI:

> Um dado é evidente em toda a tradição: o essencial desta ceia de despedida não foi a Páscoa antiga, mas a novidade que Jesus realizou neste contexto. Mesmo que esta refeição de Jesus com os Doze não tenha sido uma ceia pascal segundo as prescrições rituais do judaísmo, num olhar retrospectivo, tornou-se evidente, com a morte e a ressurreição de Jesus, o significado intrínseco do todo: era a Páscoa de Jesus. E, neste sentido, Ele celebrou a Páscoa *e* não a celebrou. Os ritos antigos não podiam ser praticados; quando chegou o momento, Jesus já estava morto. Mas entregara-se a si mesmo e, assim, tinha celebrado com eles a verdadeira Páscoa. Dessa forma, o antigo não tinha sido negado, mas — e só assim poderia ser — levado ao seu sentido pleno[68].

---

66. Cf. Ratzinger, Joseph. *Jesus de Nazaré: da entrada em Jerusalém até à ressurreição*, Cascais, Princípia, 2011, pp. 94-96.
67. Borobio, Dionisio (Org.). *A celebração na Igreja: Sacramentos*, São Paulo, Loyola, 2008, v. 2, p. 177.
68. Ratzinger, Joseph. *Jesus de Nazaré: da entrada em Jerusalém até à ressurreição*, Cascais, Princípia, 2011, p. 100.

Foi, portanto, no contexto da festa pascal judaica, na véspera de sua paixão, que Jesus celebrou com seus apóstolos a ceia durante a qual instituiu a Eucaristia, entregando o seu corpo e o seu sangue para ser nosso alimento e nossa bebida espirituais. Nela, antecipou, sacramentalmente, o mistério de sua Páscoa, isto é, de sua passagem deste mundo para o Pai[69], efetivada em sua cruz e ressurreição, por meio da qual levou à plenitude a Páscoa da antiga aliança e deu à sua Igreja o penhor da Páscoa final na glória do Céu.

Os padres da Igreja, em sua reflexão, desenvolveram e aprofundaram o sentido desta intrínseca ligação entre Eucaristia e Páscoa: na ceia, Cristo se imolou, enquanto na cruz ele foi imolado; na ceia, deu-se a imolação mística, enquanto na cruz ocorreu a imolação real; o corpo partido e o sangue vertido na ceia realizaram, na realidade do sacramento, o mistério do corpo entregue e do sangue derramado até o esgotamento no calvário. Neste sentido — dizem os antigos padres — "foi ele mesmo quem se imolou misticamente com as próprias mãos quando, depois de haver ceado, tomou o pão e deu graças, mostrou-o e o partiu"[70], sendo "comido como pão e imolado como cordeiro"[71].

Não podendo celebrar o rito litúrgico pascal, a não ser em seu próprio corpo pregado na cruz, imolado como o verdadeiro cordeiro que tira o pecado do mundo[72], Cristo antecipou a celebração pascal, levando a antiga Páscoa da figura à realidade mediante a instituição do sacramento em que ele, em seu corpo e sangue, é verdadeira comida e verdadeira bebida para sua Igreja[73]. De fato, como afirma Ben-

---

69. Cf. Jo 13,1.
70. SANTO EUTÍQUIO DE CONSTANTINOPLA, *Sermo de Paschate et de Sacrosancta Eucharistia*, 2: *PG* 86,2,2394.
71. SANTO ANDRÉ DE CRETA, *Triodia Maioris Hebdomadae*: *PG* 97,1419.
72. Cf. Jo 1,29.
73. Cf. Jo 6,55.

to XVI, "a morte de Jesus dá-nos a chave para compreender a Última Ceia, e a Ceia é a antecipação da morte, a transformação da morte violenta num sacrifício voluntário, nesse ato de amor que é a redenção do mundo"[74].

"Fazei isto em memória de mim"[75]: ao pedir que seus gestos e suas palavras fossem perpetuamente repetidos pela Igreja, o Senhor Jesus dispôs que, pela celebração da Eucaristia, a amorosa doação de sua vida na cruz, levada à plenitude em sua gloriosa ressurreição, fosse, para nós, um dom sempre atual. A Igreja já encontra essa compreensão do sacramento eucarístico como atualização e anúncio do mistério pascal na reflexão do apóstolo São Paulo, que expôs essa afinidade teológica entre as dimensões histórica, sacramental, eclesial e escatológica da Eucaristia: "Todas as vezes em que comerdes desse pão e beberdes desse cálice, proclamais a morte do Senhor, até que ele venha"[76]. De fato, como bem o definiu São Gaudêncio, o sacramento eucarístico é o "sacrifício pascal portador de salvação"[77].

A instituição da Eucaristia teve início na última ceia: as palavras que nela Jesus pronuncia são uma antecipação da sua morte. Mas também essa ficaria vazia se o seu amor não fosse

---

74. RATZINGER, Joseph, *O caminho pascal*, Cascais, Lucerna, 2019, p. 109.

75. Lc 22,19: "'Quem deve recordar-se de Jesus?', respondemos sem hesitar que a destinatária inconfundível da *ordem de iteração* é a Igreja. Ela foi representada, no momento institucional, pela comunidade do cenáculo; e, na série dos momentos rituais da economia neotestamentária, é representada pela comunidade ou por segmentos da Igreja que incessantemente se constituem para o fazer o memorial do Senhor" (GIRAUDO, Cesare, *Num só corpo: tratado mistagógico sobre a eucaristia*, São Paulo, Loyola, 2003, p. 182).

76. 1Cor 11,26.

77. SÃO GAUDÊNCIO DE BRESCIA, *Sermo 2 de Exodi Lectione Secundus*: *PL* 20,862.

mais forte do que a morte, para chegar à ressurreição. Eis por que a morte e a ressurreição são chamadas, na tradição cristã, *mysterium paschale*. Isso significa que a Eucaristia é muito mais do que uma simples ceia; o seu *preço* foi uma morte que foi vencida com a ressurreição[78].

Desde o princípio, celebrando o mistério eucarístico em uma estrutura litúrgica que, em seu conteúdo essencial, permanece a mesma, apesar da passagem do tempo e da variedade das tradições, a Igreja permanece fiel à ordem recebida do seu divino esposo[79].

---

78. SÍNODO DOS BISPOS, *A Eucaristia: fonte e ápice da vida e da missão da Igreja*. Lineamenta, nº 11.

79. Cf. At 2,42-46; 20,7-11; 1Cor 10,16-17; 11,23-26. A primeira descrição da celebração eucarística que encontramos fora do Novo Testamento pode ser localizada no escrito apologético, escrito em cerca do ano 155, que São Justino dirigiu ao imperador Antonino Pio. Nesse texto, já aparece a estrutura litúrgica fundamental da celebração eucarística que, em seus traços essenciais, permanece a mesma dos princípios da Igreja até os nossos dias: "*No dia que se chama do sol, celebra-se uma reunião de todos os que moram nas cidades ou nos campos, e aí se leem, enquanto o tempo o permite, as memórias dos apóstolos ou os escritos dos profetas. Quando o leitor termina, o presidente faz uma exortação e um convite para imitarmos esses belos exemplos. Em seguida, levantamo-nos todos juntos e elevamos nossas preces. Depois de terminadas, como já dissemos, oferece-se pão, vinho e água, e o presidente, conforme suas forças, faz igualmente subir a Deus suas preces e ações de graças e todo o povo exclama, dizendo: 'Amém'. Vem depois a distribuição e a participação feita de cada um dos alimentos consagrados pela ação de graças e seu envio aos ausentes pelos diáconos. Os que possuem alguma coisa e queiram, cada um conforme sua livre vontade, dão o que bem lhes parece, e o que foi recolhido se entrega ao presidente*" (SÃO JUSTINO, *Apologia* 1,67: *PG* 6,429). Desde o início, a Eucaristia é celebrada em dois grandes momentos que, por sua vez, constituem um só ato de culto: a *Liturgia da Palavra* e a *Liturgia Eucarística*, acompanhadas pelos ritos que abrem e encerram a celebração (cf. *Sacrosanctum Concilium*, nº

A Eucaristia é, com efeito, o memorial do mistério pascal de Cristo, enquanto oferenda cruenta de sua vida pela nossa salvação. Mas é, ao mesmo tempo, a oferenda incruenta, isto é, sacramental, deste único sacrifício, realizada por seu corpo, que é a Igreja. Nesta noção de *memorial* — a *anamnesis* — subjaz a ideia bíblica do *zikkaron*[80], em que a celebração não se limita a recordar o acontecimento do passado, mas em trazê-lo de tal modo ao hoje que o mesmo se faça, de certo modo, presente[81], de sorte que é assim, à luz do culto

---

56). Sobre o desenvolvimento histórico da celebração eucarística até o Concílio Vaticano II, recomendamos a leitura da preciosa obra: JUNGMANN, Josef Andreas, *Missarum Sollemnia: origens, liturgia, história e teologia da missa romana*, São Paulo, Paulus, 2010. Outras obras sobre o tema, porém já enriquecidas com as valiosas contribuições da renovação litúrgica operada a partir do Concílio: ALDAZÁBAL, José, *A Eucaristia*, Petrópolis, Vozes, 2012; GIRAUDO, Cesare, *Num só corpo: tratado mistagógico sobre a eucaristia*, São Paulo, Loyola, 2003. MARSILI, Salvatore et al., *A Eucaristia: teologia e história da celebração*, São Paulo, Paulus, 1987, (Anámnesis, v. 3); TABORDA, Francisco, *O memorial da Ceia do Senhor: ensaios litúrgico-teológicos sobre a eucaristia*, São Paulo, Loyola, 2015.

80. Pode-se ver a explicação do termo na Introdução deste livro.

81. Dá-se o nome de *anamnese* às palavras que, dentro da Oração Eucarística, são pronunciadas após a narração da instituição da Eucaristia, por meio das quais a Igreja proclama, através de diferentes formulações, a oferta do sacrifício eucarístico como celebração da "memória de Cristo", principalmente do mistério pascal de sua paixão, ressurreição e ascensão aos céus, em obediência à ordem dada pelo Senhor aos apóstolos durante a última ceia: "*Celebrando agora, ó Pai, a memória do vosso Filho, da sua paixão que nos salva, da sua gloriosa ressurreição e da sua ascensão ao céu; e enquanto esperamos a sua nova vinda, nós vos oferecemos em ação de graças este sacrifício de vida e santidade*" (Oração Eucarística III). Esta consciência de que a Igreja celebra a Eucaristia como oferenda do sacrifício redentor e como memorial das maravilhas operadas por Deus em favor da salvação de seu povo já aparece no texto da anáfora presente na *Tradição Apostólica* de Santo Hipólito — que se constitui como fórmula litúrgica que

memorial de Israel, que emerge o sentido mais profundo das palavras do Senhor na última ceia celebrada com os apóstolos. Por isso, muita razão tem São João Crisóstomo ao afirmar: "Cada vez que te aproximas com consciência pura (da Eucaristia), celebras a Páscoa"[82].

> A Páscoa cristã é, portanto, a anamnese da morte de Cristo. A festa da Páscoa não foi apenas a ocasião em que Cristo instituiu um rito particular (a missa). A Páscoa ritual de Cristo foi a atuação sacramental [...] da Páscoa verdadeira, da morte ou da "passagem" de Cristo deste mundo ao Pai. Por seu lado, os cristãos, através do seu rito pascal, reunidos como povo de Deus, a Igreja, livre do pecado e esperando a vinda gloriosa de Cristo, tomam parte nesta "passagem" deste mundo ao Pai, "onde comereis e bebereis à minha mesa no meu reino", como o Senhor lhes promete no Evangelho. Se a morte de Cristo na Cruz, por conseguinte, é a *Páscoa real*, a missa é a *Páscoa memorial*[83].

> O memorial é dom. É primeiramente ação de Deus que nos convoca (*ek-klesía*) para, na força do Espírito Santo, realizarmos o sinal (*ôt*) que é memorial (*zikkaron*) do mistério de Cristo. O sinal é o gesto de tomar pão e vinho conforme a ordem de Jesus; ele se torna memorial quando sobre eles pronunciamos a ação de graças pela obra salvífica consumada por Cristo. É pura graça, porque obediência à ordem do Senhor, e

---

exprime as origens do que, atualmente, chamamos Oração Eucarística e que se serviu de base para a redação da Oração Eucarística II — em que a *anamnese* é expressa do seguinte modo: "*Por isso, nós que nos lembramos de sua morte e ressurreição, oferecemos-te o pão e o cálice, dando-te graças porque nos consideraste dignos de estar diante de ti e de servir-te*" (SANTO HIPÓLITO DE ROMA, *De Apostolica Traditione*, 16).

82. SÃO JOÃO CRISÓSTOMO, *Adversus Iudaeos*, *Oratio* 3, 4: *PG* 48, 867.

83. FARIA, Sebastião, *A Eucaristia: evocação e celebração do mistério pascal*, Fátima, Secretariado Nacional de Liturgia, 2019, p. 65.

é ele quem age no Espírito Santo para tornar-nos contemporâneos do Calvário e do sepulcro do Ressuscitado, comungando do pão que faz de nós corpo de Cristo a ser entregue pelos demais[84].

Quando a Igreja celebra a Eucaristia, o sacrifício oferecido não é, historicamente, um novo, mas se faz presente o sacrifício oferecido por Cristo de uma vez por todas[85]. Na Carta Encíclica *Ecclesia de Eucharistia*, São João Paulo II chama a Eucaristia de "banquete sacrifical"[86], pois ela é memorial do sacrifício da cruz em que Cristo nos dá como comida e bebida o seu "corpo entregue" e o seu "sangue derramado" que nos remiram do pecado e selaram a nova e eterna aliança, oferecendo-nos, sempre de novo, o fruto excelente desse mistério que é a nossa salvação[87]. Sem dúvida, como sintetiza o Catecismo da Igreja Católica, ela "é ao mesmo tempo e inseparavelmente o memorial sacrifical no qual se perpetua o sacrifício da cruz, e o banquete sagrado da comunhão no corpo e no sangue do Senhor"[88]. E isso,

> [...] a fim de que permanecesse para sempre entre nós o memorial de tão imenso benefício, ele (Cristo) deixou aos fiéis, sob as aparências do pão e do vinho, o seu corpo como alimento e o seu sangue como bebida. Ó precioso e admirável banquete, fonte de salvação e repleto de toda suavidade! Que há de mais precioso que este banquete? Nele, já não é mais a carne

---

84. TABORDA, Francisco, *O memorial da Ceia do Senhor: ensaios litúrgico-teológicos sobre a eucaristia*, São Paulo, Loyola, 2015, p. 71.

85. Cf. Hb 7,26-27; 9,28; 10,10-14.

86. PAPA SÃO JOÃO PAULO II, *Carta Encíclica Ecclesia de Eucharistia*, nº 48.

87. Cf. Lc 22,19-20; Mt 26,28.

88. *Catecismo da Igreja Católica*, nº 1382.

de novilhos e cabritos que nos é dada a comer, como na antiga lei, mas é o próprio Cristo, verdadeiro Deus, que se nos dá em alimento. Poderia haver algo de mais admirável que este sacramento? De fato, nenhum outro sacramento é mais salutar do que este; nele os pecados são destruídos, crescem as virtudes e a alma é plenamente saciada de todos os dons espirituais[89].

Na preciosa obra *Meditação sobre a Igreja*, encontramos o célebre pensamento de Henri de Lubac: "[...] há uma causalidade recíproca entre ambas (a Eucaristia e a Igreja). Pode-se afirmar que o Salvador confiou uma à outra. *É a Igreja que faz a Eucaristia; mas é também a Eucaristia que faz a Igreja*"[90].

Celebrando a Eucaristia, a Igreja toma parte no sacrifício que Cristo ofereceu ao Pai, oferecendo, com ele, o sacrifício dos membros do seu corpo, sobretudo suas dores e seus sofrimentos, mas, também, suas alegrias e esperanças para a salvação do mundo. E, justamente, porque a Eucaristia é constitutiva do ser e do agir eclesiais[91], quando a Igreja a celebra, oferecendo o que ela própria recebeu como dom, responde à sua altíssima vocação de ser no mundo "como que o sacramento, ou sinal, e o instrumento da íntima união com Deus e da unidade de todo o gênero humano"[92]. De fato, como lemos na *Lumen Gentium*, "participando do sacrifício eucarístico, fonte e ápice de toda a vida cristã, (os fiéis) oferecem a Deus a vítima divina e com ela a si mesmos"[93].

---

89. Santo Tomás de Aquino, *Opusculum* 57. *In festo Corporis Christi.*

90. Lubac, Henri de, *Meditación sobre la Iglesia*, Bilbao, Desclée de Brouwer, 1958, p. 130.

91. Cf. Papa Bento XVI, *Exortação Apostólica Pós-Sinodal Sacramentum Caritatis*, nº 15.

92. *Lumen Gentium*, nº 1.

93. *Lumen Gentium*, nº 11.

A propósito disto, Josef Jungmann escreveu, com especial profundidade: "[...] no sacrifício de Cristo, a Igreja aprende a oferecer a si mesma. Sim, este *autossacrifício da Igreja* é a verdadeira vocação à qual o mistério eucarístico deve servir. Nunca a Igreja é tão ligada a seu Senhor, nunca ela é tão noiva de Cristo, do que quando ela oferece a Deus esse sacrifício junto a ele"[94]. Também os padres conciliares nos legaram uma bela e célebre passagem sobre esse mistério:

> [...] A Santíssima Eucaristia contém todo o bem espiritual da Igreja, a saber, o próprio Cristo, nossa Páscoa e pão vivo, dando vida aos homens, através de sua carne vivificada e vivificante pelo Espírito Santo. Dessa forma, são os homens convidados e levados a oferecer a si próprios, seus trabalhos e todas as coisas criadas, junto com ele[95].

Oferecendo-se na cruz pela nossa salvação, Cristo gerou, como fruto mais excelente do dom de sua doação, o mistério da Igreja: "Se, pois, Adão é figura daquele que viria, assim como de seu lado, enquanto dormia, foi feita Eva, do lado do Senhor que dormia, isto é, que morria em sua paixão, e fora ferido na cruz pela lança, manaram os sacramentos, que plasmariam a Igreja". Com efeito, "Eva foi tirada do lado de Adão que dormia, a Igreja do lado de Cristo, que estava padecendo"[96], afirma Santo Agostinho. Por isso, ao recebermos a Eucaristia, na qual, nas espécies do pão e do vinho, está realmente presente o Cristo, realiza-se o maravilhoso mistério da edificação da Igreja, porquanto ele se oferece a seu povo como alimento e o congrega na unidade do seu corpo, constituindo, assim, o *Christus totus*[97].

---

94. JUNGMANN, Josef A., *Missarum Sollemnia: origens, liturgia, história e teologia da missa romana*, São Paulo, Paulus, 2010, p. 203.
95. *Presbyterorum Ordinis*, nº 5.
96. SANTO AGOSTINHO, *In Psalmum 138 Enarratio*, 2: *PL* 37, 1785.
97. "Congratulemo-nos e demos graças a Deus, porque somos não somente cristãos, mas Cristo. Compreendeis, irmãos, estais convencidos de

De fato, o sacramento eucarístico, recebido em comunhão, conserva, renova e aumenta a vida nova que recebemos no batismo. Mas, também, recebendo a eucaristia, uma vez que ficamos mais estreitamente unidos a Cristo, como fruto natural dessa comunhão, ele conserva, renova e aumenta nossa incorporação à Igreja já realizada pelo batismo. É clara a analogia com o alimento que consumimos: tal como sua finalidade é oferecer ao corpo os nutrientes de que precisa para se sustentar e se manter vivo, do mesmo modo, a eucaristia fortifica o vínculo que nos mantém unidos a Cristo e na unidade do seu corpo, vínculo que, em virtude do pecado, pode se romper: "Quem come a minha carne e bebe o meu sangue permanece em mim, e eu nele"[98].

Não é sem razão que, na época apostólica, a celebração eucarística era denominada *fração do pão*[99], em alusão ao gesto feito por Jesus, repetidas vezes, nos evangelhos: Ele é o Pão — feito a partir de muitos grãos de trigo — que se parte para que, nessa aparente divisão, seja gerada a unidade do seu corpo feito de muitos membros. De fato, a comunhão do corpo eucarístico do Senhor se destina a tornar realmente visível no mundo a unidade interior do seu corpo místico, como já o apóstolo São Paulo compreendeu[100] e as tradições litúrgica e patrística aprofundaram: "Do mesmo modo como este pão partido tinha sido semeado sobre as colinas, e depois recolhido para se tornar um, assim também a tua Igreja seja reunida desde os confins da terra no teu reino"[101].

---

que a graça de Deus reside em nós? Admirai, regozijai-vos; tornamo-nos Cristo. Ele é a cabeça, nós somos os membros. O *Cristo total* é ele e nós" (SANTO AGOSTINHO, *In Ioannis Evangelium Tractatus*, 21,8: *PL* 35, 1568).

98. Jo 6,56. Cf. *Catecismo da Igreja Católica*, nº 1391-1401.
99. Cf. At 2,42.46; 20,7.
100. Cf. 1Cor 10,17.
101. *Didaché* 9,4.

Também, aqui, nos fala o inspirado comentário de São Gaudêncio:

> Com razão se considera o pão como uma imagem inteligível do Corpo de Cristo. De fato, assim, como para fazer o pão é necessário reunir muitos grãos de trigo, transformá-los em farinha, amassar a farinha com água e cozê-la ao fogo, assim também o corpo de Cristo reúne a multidão de todo o gênero humano e o leva à perfeita unidade de um só corpo por meio do fogo do Espírito Santo. [...] Do mesmo modo, o vinho do seu sangue, proveniente de muitos cachos, quer dizer, feito de uvas da videira por ele plantada, espremido no lagar da cruz, fermenta por si mesmo em amplos recipientes que são os corações dos fiéis[102].

Henri de Lubac, iluminado por essa reflexão dos antigos padres, sintetizou admiravelmente o natural nexo entre o mistério eucarístico e a comunhão eclesial, a partir do sinal do pão partido na ceia, afirmando: "Há uma inteligência espiritual tanto na Eucaristia quanto na Escritura: é isto que significa o gesto da fração, pelo qual os discípulos de Emaús conheceram o Cristo, gesto que 'abre' para nós o mistério para que nele encontremos significado o corpo de Cristo, que é a Igreja"[103]. De fato, como conclui a *Lumen Gentium*, "participando realmente do corpo do Senhor na fração do pão eucarístico, somos elevados à comunhão com ele e entre nós. [...] Assim tornamo-nos todos membros desse corpo (cf. 1Cor 12,27), 'cada um, membros uns dos outros' (Rm 12,5)"[104].

---

102. SÃO GAUDÊNCIO DE BRESCIA, *Sermo 2 de Exodi Lectione Secundus*: *PL* 20,860-862.

103. LUBAC, Henri de, *Catolicismo: Aspectos sociales del dogma*, Madri, Ediciones Encuentro, 1988, p. 69.

104. *Lumen Gentium*, nº 7.

Na Exortação Apostólica Pós-Sinodal *Sacramentum Caritatis*, à luz da reflexão dos padres sinodais, Bento XVI fala acerca da necessidade de os cristãos darem à própria existência uma "coerência eucarística"[105], porquanto a comunhão eucarística não é um ato de culto individual, mas deve, necessariamente, dar forma a uma existência em que se manifesta a amorosa doação que Cristo fez de si mesmo por nós.

Da Eucaristia — como já o apóstolo São Paulo advertia a comunidade de Corinto[106] — devem brotar relações humanas autenticamente cristãs, cujo parâmetro, para as decisões e as ações, seja o valor fundamental de respeito à vida humana, sobretudo a mais vulnerável, tornando-nos atentos às situações de indigência e sofrimento em que vive grande parte das pessoas. É somente assim, com um real compromisso daqueles que comungam o corpo do Senhor em defender a dignidade da pessoa humana, aviltada pelas estruturas sociais injustas e pelas tantas situações de egoísmo, intolerância e violência, que a Eucaristia será em nossa vida o que é enquanto celebrada, isto é, verdadeiro *sacramento da piedade, sinal da unidade* e *vínculo da caridade*[107]. Os padres da Igreja escreveram páginas inspiradas sobre esta natural causalidade de Cristo que se dá a nós para que nos doemos aos irmãos e irmãs.

---

105. PAPA BENTO XVI, *Exortação Apostólica Pós-Sinodal Sacramentum Caritatis*, n° 83.

106. Cf. 1Cor 11,17-22.

107. "Tal é o motivo por que o Apóstolo Paulo, falando deste pão, diz: 'Visto que há um só pão, nós, embora muitos, formamos um só corpo, porque participamos todos de um só pão'. *Ó sacramento da piedade! Ó sinal da unidade! Ó vínculo da caridade!* Quem quer viver, tem onde viva, e tem de onde viva. Aproxime-se, acredite, incorpore-se para ser vivificado. [...] Una-se ao corpo, viva para Deus, e viva de Deus" (SANTO AGOSTINHO, *In Ioannis Evangelium Tractatus*, 26, 13: *PL* 35, 1613).

Se, portanto, tu te aproximas da Eucaristia, nada pratiques de indigno desta ceia, não envergonhes o irmão, não desprezes o faminto, não te embriagues, nem injuries a Igreja. Aproxima-te dando graças pelo dom que recebeste; por conseguinte, retribui por tua vez, e do teu próximo não te apartes. Efetivamente, Cristo a deu igualmente a todos, dizendo: "Tomai, comei". Ele deu igualmente seu corpo; tu, porém, não dás igualmente nem o pão comum? Pois por todos foi de modo semelhante partido, e deu em geral o corpo por todos[108].

É possível extrair um precioso ensinamento da palavra *missa*[109] — com a qual, já em meados do século V, a celebração da Eucaristia passou a ser designada. Podemos encontrar a origem desse termo na despedida dos catecúmenos, isto é, aqueles que estavam se preparando para receber o batismo, que era feita após a Liturgia da Palavra; a mesma expressão era usada no término da celebração eucarística, quando todos os fiéis, por meio da expressão *Ite, missa est*[110], eram despedidos da assembleia. Em meados do século IV, a palavra passou a denominar não somente a despedida como também a inteira parte da celebração que antecedia a Liturgia Eucarística, sendo estendida, posteriormente, essa designação ao todo da celebração.

De fato, essa denominação expressa admiravelmente a natureza e a finalidade da celebração do sacramento eucarístico, isto é, a ra-

---

108. São João Crisóstomo, *In Epistulam 1 ad Corinthios, Homilia* 27,4: *PG* 61,229.

109. Do latim *mittere*, isto é, enviar.

110. Cf. Santo Ambrósio, *Epístola* 20, 4: *PL* 16, 995; Santo Agostinho, *Sermo* 49,8: *PL* 38,324; Santo Isidoro de Sevilha, *Etymologiarum* 6,19,4: *PL* 82,252: "A *missa* é, na celebração do sacrifício, o momento em que os catecúmenos são convidados a se retirar enquanto o ministro pronuncia a seguinte fórmula: 'Se houver algum catecúmeno, saia', é daí o nome 'missa'".

zão mais profunda pela qual ele é *fonte e ápice da vida e da missão da Igreja*: para que, ao recebermos o corpo e o sangue do Senhor — admirável dom de sua vida doada — nos disponhamos a fazer o mesmo, cumprindo sua vontade no cotidiano da vida. Assim agindo, indubitavelmente, por intermédio de nós, o mistério da Páscoa celebrado na Eucaristia irá transformar o mundo, irá inaugurar o Céu na terra[111].

> [...] O pão transformado, o vinho transformado, no qual o próprio Senhor se oferece como espírito que dá a vida, está presente para nos transformar a nós, homens, para que nos tornemos um só pão com ele e depois um só corpo com ele. A transformação dos dons, que é unicamente a continuidade das transformações fundamentais da cruz e da ressurreição, não é o ponto final, mas, por sua vez, só um início. O fim da Eucaristia é a transformação de quantos a recebem na autêntica comunhão com a sua transformação. E assim o fim é a unidade, a paz, que nós próprios como indivíduos separados, que vivemos uns ao lado dos outros, nos tornamos com Cristo e em Cristo um organismo de doação, a fim de vivermos com vista à ressurreição e ao novo mundo. [...] Através de nós, os transformados, uma vez que nos tornamos um só corpo, um só espírito que dá a vida, toda a criação deve ser transformada. Toda a criação deve tornar-se "uma cidade nova", um novo paraíso, habitação viva de Deus: Deus que é tudo em todos (1Cor 15,28), assim descreve Paulo o fim da criação, que se deve configurar a partir da Eucaristia. Assim a Eucaristia é um processo de transformação, no qual nós somos envolvidos, força

---

111. "Já na terra este mistério [a Eucaristia] te transforma a terra em céu" (SÃO JOÃO CRISÓSTOMO, *In Epistulam 1 ad Corinthios, Homilia* 24,5: *PG* 61,205).

de Deus para a transformação do ódio e da violência, força de Deus para a transformação do mundo[112].

---

112. RATZINGER, Joseph, *Eucaristia, comunhão e solidariedade: intervenção no Congresso Eucarístico da Arquidiocese de Benevento (Itália)*. Disponível em: https://www.vatican.va/roman_curia/congregations/cfaith/documents/rc_con_cfaith_doc_20020602_ratzinger-eucharistic-congress_po.html.

CONSIDERAÇÕES FINAIS

De fato, "o sentido da vigília pascal ainda não foi reencontrado, e em numerosas comunidades, onde o povo está disposto a passar diversas horas da noite para celebrar o Natal, ainda não se entendeu que a Vigília de Páscoa é a *mater omnium vigiliarum*"[1].

Não obstante os importantes passos dados, estimulados pelos esforços de *retorno às fontes* do Movimento Litúrgico, bem como pelas reformas já iniciadas pelo Papa Pio XII e consumadas pelo Concílio Vaticano II, a celebração da Vigília Pascal, em sua admirável riqueza de sinais e ritos, é um tesouro que permanece escondido para grande parte dos católicos. Há, infelizmente, em muitas comunidades, uma supervalorização da celebração do Natal do Senhor, em detrimento da solenidade da Páscoa. Em outros casos, a Vigília é celebrada como simples missa vespertina, tal como as missas dominicais antecipadas para as vésperas, no sábado.

Na verdade, para que tal situação se transforme, é preciso que também os pastores do povo de Deus obtenham um conhecimento melhor e mais profundo acerca da celebração da Vigília Pascal, ajudando suas comunidades a descobrir o lugar especialíssimo que esta celebração, por direito, ocupa na vida litúrgica da Igreja. De fato, muitas vezes, as objeções lançadas contra o tempo prolongado de du-

---

1. AUGÉ, Matias et al., *O ano litúrgico: história, teologia e celebração*, São Paulo, Paulinas, 1991 (Anámnesis, v. 5), p. 107.

ração da Vigília provêm mais do clero que dos fiéis, que, quando instruídos por uma autêntica educação litúrgica, apreciam sua celebração completa e solene: "Para poder celebrar a vigília com o máximo proveito, convém que os próprios pastores adquiram um conhecimento melhor tanto dos textos como dos ritos, a fim de poderem dar uma mistagogia autêntica"[2].

A *participação plena, consciente* e *ativa*, tenazmente recomendada pelo Concílio, indubitavelmente supõe a inteligibilidade dos textos e gestos, bem como a verdade dos sinais, mas não se limita a uma compreensão do que se realiza exteriormente. De fato, a fim de que pastores e fiéis celebrem bem a Vigília da Páscoa, é preciso que realmente conheçam sua proeminência e estejam interiormente dispostos a assim prepará-la e celebrá-la: como centro do Tríduo Pascal e ápice de todo o Ano Litúrgico.

A Carta Circular *Paschalis Sollemnitatis* recomenda que não se anuncie a celebração da Vigília Pascal como último ato litúrgico do Sábado Santo, tradicionalmente consagrado à meditação do mistério do Senhor repousando no sepulcro e de sua descida à mansão dos mortos. Diga-se, pelo contrário, "que a vigília pascal se celebra 'na noite da Páscoa' e como um único ato de culto"[3], insistindo na importância de todo o povo cristão dela tomar parte, para o incremento de seu bem espiritual.

Sem dúvida alguma, mediante uma espiritualidade litúrgica mais viva e um maior empenho pastoral da parte de todos, tanto dos pastores como dos fiéis, será possível abrir caminhos realmente autênticos que conduzam a Igreja a um reencontro com o sentido desta celebração litúrgica que faz ressoar, através dos tempos, o anúncio pascal do

---

2. *Carta Circular Paschalis Sollemnitatis*, nº 96.
3. *Carta Circular Paschalis Sollemnitatis*, nº 95.

Cristo que ressuscitou a fim de que conservemos, no ser e no agir, a alegria da sua vitória que é penhor da nossa: "Deus eterno e todo poderoso, que no Sacramento Pascal restaurastes vossa aliança, reconciliando convosco a humanidade, concedei-nos realizar em nossa vida o mistério que celebramos na fé"[4].

Assim seja!

---

4. *Missal Romano, Oração do dia da sexta-feira na Oitava da Páscoa.*

BIBLIOGRAFIA

1. Fontes bíblicas

Bíblia de Jerusalém. São Paulo: Paulus, 2008.
Bíblia Sagrada: tradução oficial da CNBB. Brasília: Edições CNBB, 2018.
Nuevo Testamento Trilingüe. Edición crítica de José Maria Bover y José O'Callaghan. Presentación por Carlo M. Martini. Madri: Biblioteca de Autores Cristianos, 1977.

2. Fontes litúrgicas

Cerimonial dos Bispos: Cerimonial da Igreja. São Paulo: Paulus, 2008.
Lecionário Dominical. São Paulo: Paulus, 2007 (v. 1).
Liturgia das Horas: Ofício das Leituras. São Paulo: Paulinas, 1978.
Liturgia das Horas: Tempo da Quaresma. Tríduo Pascal. Tempo da Páscoa. São Paulo: Paulus, 2000 (v. II).
Missal Romano. São Paulo: Paulus, 2012.
Ritual do Batismo de Crianças. São Paulo: Paulus, 2013.
Ritual da Confirmação. São Paulo: Paulus, 2008.
Ritual da Iniciação Cristã de Adultos. São Paulo: Paulus, 2014.

3. Fontes do magistério

Catecismo da Igreja Católica. Petrópolis: Vozes; São Paulo: Loyola, 1993.

CNBB. *Iniciação à vida cristã: itinerário para formar discípulos missionários* (Documento 107). Brasília: Edições CNBB, 2017.

Compêndio Vaticano II: constituições, decretos, declarações. Coordenação geral de Frei Frederico Vier. Introdução e índice analítico de Frei Boaventura Kloppenburg. Petrópolis: Vozes, 2000.

CONGREGAÇÃO PARA O CULTO DIVINO E A DISCIPLINA DOS SACRAMENTOS. *Paschalis Sollemnitatis: a preparação e celebração das Festas Pascais*. Brasília: Edições CNBB, 2018.

RATZINGER, Joseph. *Eucaristia, comunhão e solidariedade: intervenção no Congresso Eucarístico da Arquidiocese de Benevento (Itália)*. Disponível em: https://www.vatican.va/roman_curia/congregations/cfaith/documents/rc_con_cfaith_doc_20020602_ratzinger-eucharistic-congress_po.html.

PAPA BENTO XVI. *Exortação Apostólica Pós-Sinodal Sacramentum Caritatis*. Disponível em: https://www.vatican.va/content/benedict-xvi/pt/apost_exhortations/documents/hf_ben-xvi_exh_20070222_sacramentum-caritatis.html.

PAPA BENTO XVI. *Homilia na festa do Batismo do Senhor,* 8 de janeiro de 2006. Disponível em: https://www.vatican.va/content/benedict-xvi/pt/homilies/2006/documents/hf_ben-xvi_hom_20060108_battesimo.html.

PAPA BENTO XVI. *Homilia na Vigília Pascal,* 15 de abril de 2006. Disponível em: https://www.vatican.va/content/benedict-xvi/pt/homilies/2006/documents/hf_ben-xvi_hom_20060415_veglia-pasquale.html.

PAPA BENTO XVI. *Homilia na Vigília Pascal,* 22 de março de 2008. Disponível em: https://www.vatican.va/content/benedict-xvi/pt/homilies/2008/documents/hf_ben-xvi_hom_20080322_veglia-pasquale.html.

PAPA BENTO XVI. *Homilia na Vigília Pascal,* 11 de abril de 2009. Disponível em: https://www.vatican.va/content/benedict-xvi/pt/homilies/2009/documents/hf_ben-xvi_hom_20090411_veglia-pasquale.html.

Papa Francisco. *Audiência Geral,* 10 de janeiro de 2018. Disponível em: https://www.vatican.va/content/francesco/pt/audiences/2018/documents/papa-francesco_20180110_udienza-generale.html.

Papa Francisco. *Exortação Apostólica Evangelii Gaudium.* Disponível em: https://www.vatican.va/content/francesco/pt/apost_exhortations/documents/papa-francesco_esortazione-ap_20131124_evangelii-gaudium.html.

Papa Francisco. *Homilia na Santa Missa de Natal,* 24 de dezembro de 2020. Disponível em: https://www.vatican.va/content/francesco/pt/homilies/2020/documents/papa-francesco_20201224_omelia-natale.html.

Papa Francisco. *Homilia na Vigília Pascal,* 22 de março de 2016. Disponível em: https://www.vatican.va/content/francesco/pt/homilies/2016/documents/papa-francesco_20160326_omelia-veglia-pasquale.html.

Papa Pio XII. *Carta Encíclica Mediator Dei.* Disponível em: https://www.vatican.va/content/pius-xii/pt/encyclicals/documents/hf_p-xii_enc_20111947_mediator-dei.html.

Papa São João Paulo II. *Carta Encíclica Ecclesia de Eucharistia.* Disponível em: https://www.vatican.va/holy_father/special_features/encyclicals/documents/hf_jp-ii_enc_20030417_ecclesia_eucharistia_po.html.

Papa São Paulo VI. *Constituição Apostólica Divinae Consortium Naturae.* Disponível em: https://www.vatican.va/content/paul-vi/pt/apost_constitutions/documents/hf_p-vi_apc_19710815_divina-consortium.html.

Papa São Pio X. *Motu Proprio Tra le sollecitudini.* Disponível em: https://www.vatican.va/content/pius-x/pt/motu_proprio/documents/hf_p-x_motu-proprio_19031122_sollecitudini.html.

Sacra Congregatio Rituum. *Decretum Dominicae Resurrectionis: de solemni Vigilia Paschali instauranda. Rubricae sabbato sancto servandae si Vigilia Paschalis instaurata peragatur.* Disponível em: https://www.vatican.va/roman_curia/congregations/ccdds/documents/rc_con_ccdds_doc_19510209_dominicae-resurrectionis_la.html.

SACRA CONGREGATIO RITUUM. *Decretum Generale Maxima Redemptionis: liturgiciis Hebdomadae Sactae ordo instauratur.* Disponível em https://www.vatican.va/roman_curia/congregations/ccdds/documents/rc_con_ccdds_doc_19551116_maxima-redemptionis_la.html.

SACRA CONGREGATIO RITUUM. *Instructio Eucharisticum mysterium: de cultu mysterii eucharistici.* Disponível em: https://obtienearchivo.bcn.cl/obtienearchivo?id=documentos/10221.1/45876/1/208545.pdf.

SÍNODO DOS BISPOS. *A Eucaristia: fonte e ápice da vida e da missão da Igreja. Lineamenta.* Disponível em: https://www.vatican.va/roman_curia/synod/documents/rc_synod_doc_20040528_lineamenta-xi-assembly_po.html.

4. Fontes patrísticas

As obras dos padres da Igreja citadas neste livro são referidas conforme aparecem nas coletâneas do padre Jacques Paul Migne: *Patrologiae Cursus Completus — Series Graeca* (PG) e *Patrologiae Cursus Completus — Series Latina* (PL), disponíveis para consulta em: https://patristica.net/graeca/ e https://patristica.net/latina/

Abaixo, o elenco das obras traduzidas:

EUSÉBIO DE CESAREIA

História Eclesiástica. Traduzido pelas Monjas Beneditinas do Mosteiro de Maria Mãe de Cristo. Introdução e notas complementares: Roque Frangiotti. São Paulo: Paulus, 2014 (Patrística v. 15).

ORÍGENES

Homilías sobre el Éxodo. M. I. Daniele y A. (Org.), Castaño. Madri: Editorial Ciudad Nueva, 1992 (Biblioteca de Patrística v. 17).

Homilías sobre el Génesis. Introdução, tradução e notas de José Ramón Díaz Sánchez-Cid. Madri: Editorial Ciudad Nueva, 1999 (Biblioteca de Patrística v. 48).

SANTO AGOSTINHO

A cidade de Deus: contra os pagãos. Tradução: Oscar Paes Leme. Bragança Paulista: Editora Universitária São Francisco, 2005 (2 v.).

Cartas: 1-123. Tradução e notas de Lope Cilleruelo. Madri: Biblioteca de Autores Cristianos, 1986 (Obras completas de San Agustín v. VIII).

Comentário ao Evangelho e ao Apocalipse de São João. Tradução: Padre José Augusto Rodrigues Amado. São Paulo: Cultor de Livros, 2017 (3 v.).

Comentário aos Salmos. Traduzido pelas Monjas Beneditinas do Mosteiro de Maria Mãe de Cristo. Introdução por Roque Frangiotti. São Paulo: Paulus, 2014 (Patrística v. 9 — 3 v.s).

Confissões. Tradução: Maria Luiza Jardim Amarante. Revisão cotejada com o texto latino pelo professor Antônio da Silveira Mendonça. Introdução: Roque Frangiotti. São Paulo: Paulus, 2014 (Patrística v. 10).

Cuestiones sobre el Heptateuco. Introdução, tradução, notas e índices de Olegário Garcia de la Fuente. Madri: Biblioteca de Autores Cristianos, 1989 (Obras completas de San Agustín v. XXVIII).

Sermones: 184-272B. Sermones sobre los tiempos litúrgicos. Tradução e notas por Pío de Luis. Madri: Biblioteca de Autores Cristianos, 2005 (Obras completas de San Agustín v. XXIV).

SANTO AMBRÓSIO

Explicación a doce salmos. Introdução, tradução e notas de Agustín López Kindler. Madri: Editorial Ciudad Nueva, 2020 (Biblioteca de Patrística v. 118).

Le due apologie di David: apologia del profeta David a Teodosio Augusto. Traduzione e introduzione di Filippo Lucidi. Roma: Editrice Città Nuova, 1981 (Opera omnia di Sant'Ambrogio).

Os Sacramentos e os Mistérios. Introdução, tradução e notas: Dom Paulo Evaristo Arns. Comentários de Cônego Geraldo Majella Agnelo. Petrópolis: Vozes, 2019 (Clássicos da Iniciação Cristã).

Santo Atanásio

Contra os pagãos. A encarnação do Verbo. Apologia ao imperador Constâncio. Apologia de sua fuga. Vida e conduta de S. Antão. Tradução: Orlando Tiago Loja Rodrigues Mendes. Introduções e notas: Roque Frangiotti. São Paulo: Paulus, 2014 (Patrística v. 18).

Santo Hipólito de Roma

Tradição Apostólica de Hipólito de Roma: liturgia e catequese em Roma no século III. Tradução e notas: Maria da Glória Novak. Introdução: Maucyr Gibin. Petrópolis: Vozes, 2019 (Clássicos da Iniciação Cristã).

Santo Inácio de Antioquia

Padres Apostólicos: Clemente Romano. Inácio de Antioquia. Policarpo de Esmirna. O pastor de Hermas. Carta de Barnabé. Pápias. Didaqué. Tradução: Ivo Storniolo e Euclides M. Balancin. Introdução e notas explicativas: Roque Frangiotti. São Paulo: Paulus, 2014 (Patrística v. 1).

Santo Isidoro de Sevilha

Etimologías. Texto latino, versão espanhola e notas: José Oroz Reta y Manuel — A. Marcos Casquero. Introdução geral: Manuel C. Diaz y Diaz. Madri: Biblioteca de Autores Cristianos, 2004.

São Basílio Magno

Homilia sobre Lucas 12. Homilias sobre a origem do homem. Tratado sobre o Espírito Santo. Traduzido pelas Monjas Beneditinas do Mosteiro de Maria Mãe de Cristo e Roque Frangiotti. São Paulo: Paulus, 2014 (Patrística v. 14).

São Cirilo de Jerusalém

Catequeses Pré-Batismais. Tradução: Frei Frederico Vier e Frei Fernando Figueiredo. Petrópolis: Vozes, 1978 (Fontes da Catequese).
Catequeses Mistagógicas. Tradução: Frei Frederico Vier. Introdução e notas: Frei Fernando Figueiredo. Petrópolis: Vozes, 2021 (Clássicos da Iniciação Cristã).

São Gaudêncio de Brescia

Sermones. Introdução, tradução e notas: Domingo Ramos-Lissón. Madri: Editorial Ciudad Nueva, 2017 (Biblioteca de Patrística v. 105).

São Gregório Magno

Obras: Regla Pastoral; Homilías sobre la profecía de Ezequiel; Cuarenta homilías sobre los Evangelios. Introdução geral, notas e índices: Melquiades Andrés Martín. Tradução: Paulino Gallardo. Madri: Biblioteca de Autores Cristianos, 1958.

São João Crisóstomo

Comentário às Cartas de São Paulo/2: Homilias sobre a Primeira Carta aos Coríntios. Homilias sobre a Segunda Carta aos Coríntios. Traduzido pelas Monjas Beneditinas do Mosteiro de Maria Mãe de Cristo. São Paulo: Paulus, 2010 (Patrística v. 27).

São Justino de Roma

I e II Apologias. Diálogo com Trifão. Tradução: Ivo Storniolo e Euclides M. Balancin. Introdução: Roque Frangiotti. São Paulo: Paulus, 2014 (Patrística v. 3).

São Leão Magno

Sermões. Tradução: Sérgio José Schirato et al. Organização, introdução e notas explicativas: Roque Frangiotti. São Paulo: Paulus, 2005 (Patrística v. 6).

Tertuliano

O sacramento do Batismo. Introdução, tradução e notas: Urbano Zilles. Petrópolis: Vozes, 1981.

Coletâneas de textos patrísticos

Antologia Litúrgica: textos litúrgicos, patrísticos e canónicos do primeiro milénio. Compilação de textos, tradução e organização: Padre José de Leão Cordeiro. Fátima: Secretariado Nacional de Liturgia, 2015.

La Eucaristia em los Padres de la Iglesia. Guillermo Pons. (Org.). Madri: Editorial Ciudad Nueva, 2019.

Textos Eucarísticos Primitivos: hasta fines del siglo IV. Edición bilingüe de los contenidos en la Sagrada Escritura y los Santos Padres, con introducciones y notas por Jesus Solano. Madri: Biblioteca de Autores Cristianos, 1952 (v. 1).

Textos Eucarísticos Primitivos: hasta el fin de la época patrística (s. VII-VIII). Edição bilíngue dos conteúdos da Sagrada Escritura e dos Santos Padres, com introduções e notas por Jesus Solano. Madri: Biblioteca de Autores Cristianos, 1954 (v. 2).

5. Artigos

FLORES, Juan J. Cincuenta años de la reforma de la Semana Santa: el decreto *Maxima Redemptionis Nostrae Mysteria* de Pío XII. *Phase: Revista de Pastoral Litúrgica*, Barcelona, n. 272, pp. 119-126, 2006.

MARSILI, Salvatore. Nel cuore della sacramentalità: il Triduo pasquale. *Rivista Liturgica,* XCV, pp. 525-540, 2008.

STOCK, Alex. O rito da bênção da água batismal na liturgia romana. *Concilium: Revista Internacional de Teologia,* Petrópolis, n. 198, pp. 48-73, 1985.

6. Demais obras consultadas

ADAM, Adolf. *O ano litúrgico: sua história e seu significado segundo a renovação litúrgica.* São Paulo: Loyola, 2019.

ALDAZÁBAL, José. *El Tríduo Pascual.* Barcelona: Centre de Pastoral Litúrgica, 1998 (Biblioteca Litúrgica v. 8).

_____. *Gestos e símbolos.* São Paulo: Loyola, 2005.

_____. *Vocabulário básico de Liturgia.* São Paulo: Paulinas, 2013.

AUGÉ, Matias. *Ano Litúrgico: é o próprio Cristo presente na sua Igreja.* São Paulo: Paulinas, 2019.

_____. *Liturgia: história, celebração, teologia, espiritualidade.* São Paulo: Ave Maria, 2013.

_____. *Quaresma, Páscoa, Pentecostes: Tempo de renovação no Espírito.* São Paulo: Ave Maria, 2009.

AUGÉ, Matias et al. *O ano litúrgico: história, teologia e celebração.* São Paulo: Paulinas, 1991, (Anámnesis, v. 5).

BECKER, Udo. *Dicionário de Símbolos.* São Paulo: Paulus, 2007.

BEUTLER, Johannes. *Evangelho segundo João: Comentário.* São Paulo: Loyola, 2015.

BERGAMINI, Augusto. *Cristo, festa da Igreja: história, teologia, espiritualidade e pastoral do ano litúrgico.* São Paulo: Paulinas, 2004.

BOROBIO, Dionisio (Org.). *A celebração na Igreja: Ritmos e tempos da celebração.* São Paulo: Loyola, 2000 (v. 3).

_____. *A celebração na Igreja: Sacramentos.* São Paulo: Loyola, 2008 (v. 2).

BRAGA, C.; BUGNINI, A. *Cerimonial da Semana Santa.* Petrópolis: Vozes, 1959.

BROVELLI, Franco. *Questa è la notte: le letture della Veglia pasquale.* Milão: Ancora, 2004.

BROWN, Raymond. *Um Cristo ressuscitado na Páscoa: ensaios sobre as narrativas evangélicas da ressurreição.* São Paulo: Ave Maria, 1996.

CABA, José. *Cristo, mia speranza, è risorto: Studio esegetico dei "vangeli" pasquali.* Milão: Edizioni Paoline, 1988.

CANTALAMESSA, Raniero. *I più antichi testi pasquali della Chiesa.* Roma: Edizioni Liturgiche, 2009.

_____. *La Pasqua della nostra Salvezza: le tradizioni pasquali della bibbia e della primitiva chiesa.* Casale Monferrato: Casa Editrice Marietti, 1971.

_____. *La Pasqua nella Chiesa antica.* Torino: Società Editrice Internazionale, 1978 (Traditio Christiana v. 3).

_____. *O Mistério da Ceia.* Aparecida: Santuário, 2001.

_____. *O mistério da Páscoa: na história, na liturgia, na vida.* Aparecida: Santuário, 2008.

_____. *Páscoa: uma passagem para aquilo que não passa.* São Paulo: Paulinas, 2005.

CASARIN, Giuseppe (Org.). *Leccionário comentado: Quaresma — Páscoa.* Lisboa: Paulus, 2009.

CASEL, Odo. *O mistério do culto no cristianismo.* São Paulo: Loyola, 2009.

CASTELLANO, Jesús. *Liturgia e vida espiritual: teologia, celebração, experiência.* São Paulo: Paulinas, 2008.

CELAM. *Manual de liturgia: fundamentos teológicos e elementos constitutivos.* São Paulo: Paulus, 2005.

CHEVALIER, Jean; GHEERBRANT, Alain. *Dicionário de Símbolos*. Rio de Janeiro: José Olympio, 1994.

DANIÉLOU, Jean. *Bíblia e Liturgia: a teologia bíblica dos sacramentos e das festas nos Padres da Igreja*. São Paulo: Paulinas, 2013.

DANIÉLOU, Jean; MARROU, Henri. *Nova História da Igreja: dos primórdios a São Gregório Magno*. Petrópolis: Vozes, 1966.

_____. *Símbolos Cristãos Primitivos*. Porto Alegre: Kuarup, 1993.

_____. *Tipologia Bíblica: sus origenes*. Buenos Aires, Paulinas, 1966.

DATTLER, Frederico. *Os acontecimentos pascais*. São Paulo: Paulinas, 1978.

EISENHOFER, Ludwig. *Compendio de Liturgia Católica*. Barcelona: Herder, 1956.

ELIADE, Mircea. *O sagrado e o profano: a essência das religiões*. São Paulo: Martins Fontes, 2011.

FARIA, Sebastião. *A Eucaristia: evocação e celebração do mistério pascal*. Fátima: Secretariado Nacional de Liturgia, 2019.

FEINER, J.; LOEHRER, M. *Mysterium Salutis: compêndio de dogmática histórico-salvífica*. Petrópolis: Vozes, 1974 (v. III/6).

FORTE, Bruno. *As quatro noites da salvação*. São Paulo: Paulinas, 2012.

GARCÍA-MORENO, Antonio. *El Cuarto Evangelio: aspectos teológicos*. Pamplona: Ediciones Eunate, 1996.

GARMENDIA, Santos Ros. *La Pascua en el Antiguo Testamento: estudio de los textos pascuales del Antiguo Testamento a la luz de la crítica literaria y de la historia de la tradición*. Vitoria: Editorial Eset, 1978.

GIRAUDO, Cesare. *La Liturgia de la Palabra*. Salamanca: Ediciones Sígueme, 2014.

_____. *Num só corpo: tratado mistagógico sobre a eucaristia*. São Paulo: Loyola, 2003.

GRELOT, Pierre. *El misterio de Cristo en los salmos*. Salamanca: Secretariado Trinitario, 2000.

_____. *El sentido cristiano del Antiguo Testamento: bosquejo de um tratado dogmático*. Bilbao: Graficas Bilbao, 1967.

GUARDINI, Romano. *Os sinais sagrados*. São Paulo: Quadrante, 1995.

Guia Litúrgico da Semana Santa. Lisboa: União Gráfica, 1957.

GUIDI, Maurizio. *Non è qui, è Risorto: i racconti di risurrezione e la loro rilettura nella Veglia pasquale*. Cinisello Balsano: San Paolo, 2015.

HAAG, Herbert. *De la antigua a la nueva Pascua: historia y teología de la fiesta pascual*. Salamanca: Ediciones Sígueme, 1980.

HAMMAN, Adalbert G. *El bautismo y la confirmación*. Barcelona: Herder, 1982.

JEREMÍAS, Joachim. *La última cena: palabras de Jesús*, Madri: Ediciones Cristiandad, 1980.

JUNGMANN, Josef Andreas. *Missarum Sollemnia: origens, liturgia, história e teologia da missa romana*. São Paulo: Paulus, 2010.

KAVANAGH, Aidan. *Batismo: Rito da Iniciação Cristã: tradição, reformas, perspectivas*. São Paulo: Paulinas, 1987.

LÉON-DUFOUR, Xavier. *La fracción del pan: culto y existencia en el Nuevo Testamento*, Madri: Ediciones Cristiandad, 1983

LIBANIO, João Batista. *Como saborear a celebração eucarística?* São Paulo: Paulus, 2005.

LUBAC, Henri de. *Catolicismo: Aspectos sociales del dogma*. Madri: Ediciones Encuentro, 1988.

_____. *Meditación sobre la Iglesia*. Bilbao: Desclée de Brouwer, 1958.

MALDONADO, Luis. *La Plegaria Eucarística: Estudio de teología bíblica y litúrgica sobre la misa*. Madri: Biblioteca de Autores Cristianos, 1967.

MÁRQUEZ, Juan Ordóñez. *Teologia y espiritualidade del Año Liturgico*. Madri: Biblioteca de Autores Cristianos, 1978.

MARSILI, Salvatore et al. *A Eucaristia: teologia e história da celebração*. São Paulo: Paulus, 1987 (Anámnesis, v. 3).

MARSILI, Salvatore. *Sinais do mistério de Cristo: teologia litúrgica dos sacramentos, espiritualidade e ano litúrgico*. São Paulo: Paulinas, 2010.

MARTIMORT, A. G. *A Igreja em oração: a liturgia e o tempo*. Petrópolis: Vozes, 1992 (v. 4).

Martín, Julián López. *A Liturgia da Igreja: teologia, história, espiritualidade e pastoral.* São Paulo: Paulinas, 2006.

Mateos, Juan; Barreto, Juan. *O Evangelho de São João: análise linguística e comentário exegético.* São Paulo: Paulus, 1999 (Grande Comentário Bíblico).

Mazza, Enrico. *A mistagogia: as catequeses litúrgicas do fim do século IV e seu método.* São Paulo: Loyola, 2021.

Missal romano quotidiano: latim-português. São Paulo: Paulinas, 1959.

Otto, Rudolf. *O sagrado.* São Leopoldo: Sinodal, 1985.

Parsch, Pius. *No mistério do Cristo: o ciclo temporal do calendário litúrgico.* Salvador: Oficinas Tipográficas do Mosteiro de São Bento, 1941.

Peregrinação de Egéria: uma narrativa de viagem aos Lugares Santos. Introdução, texto crítico, tradução e notas de Maria Cristina Martins. Uberlândia: EDUFU, 2017.

Rahner, Hugo. *Mitos griegos em interpretación cristiana.* Barcelona: Herder, 2003.

Ratzinger, Joseph. *Dogma e Anúncio.* São Paulo: Loyola, 2007.

_____. *Introdução ao Espírito da Liturgia.* São Paulo: Loyola, 2013.

_____. *Jesus de Nazaré: da entrada em Jerusalém até à ressurreição.* Cascais: Princípia, 2011.

_____. *Jesus de Nazaré: do batismo no Jordão à transfiguração.* São Paulo: Planeta, 2007.

_____. *O caminho pascal.* Cascais: Lucerna, 2019.

Rosenfeld, Nikolaj A. *Celebrare l'alleanza: la tipologia dalla Bibbia alla liturgia.* Roma: CLV — Edizioni Liturgiche, 2017.

Sartore, Domenico; Triacca, Achille Maria (Org.). *Dicionário de Liturgia.* São Paulo: Paulinas; Lisboa: Edições Paulistas, 1992.

Schlier, Heinrich. *Sobre a ressurreição de Cristo.* Roma: La Moderna, 2008.

Secretariado Nacional de Liturgia. *O Tempo Pascal.* Fátima: Secretariado Nacional de Liturgia, 1996.

SERRANO, Vicente. *A Páscoa de Jesus em seu tempo e hoje.* São Paulo: Paulinas, 1998.

SONNET, Jean-Pierre. (A cura di). *La Bibbia si apre a Pasqua. Il lezionario sulla Veglia Pasquale: storia, esegesi, liturgia.* Cinisello Balsamo: San Paolo; Roma: Gregorian University and Biblical Institute Press, 2016.

SOUZA, Antonio Carlos de Oliveira et al. *Vivendo a Semana Santa: o mistério pascal celebrado no Brasil.* Aparecida: Santuário, 2004.

TABORDA, Francisco. *Nas fontes da vida cristã: uma teologia do batismo-crisma.* São Paulo: Loyola, 2012.

_____. *O memorial da Ceia do Senhor: ensaios litúrgico-teológicos sobre a eucaristia.* São Paulo: Loyola, 2015.

VAUX, Roland de. *Instituições de Israel no Antigo Testamento.* São Paulo: Vida Nova, 2008.